Marie-Luise Kreuter

1x1 des Bio-Gärtnerns

Fünfte, durchgesehene Auflage

BLV Garten- und Blumenpraxis

BLV

Die Deutsche Bibliothek –
CIP-Einheitsaufnahme

Kreuter, Marie-Luise:
1 × 1 des Bio-Gärtnerns /
Marie-Luise Kreuter. – 5., durchges. Aufl. –
München; Wien; Zürich: BLV, 1992.
(BLV Garten- und Blumenpraxis; 318)
ISBN 3-405-12765-3

NE: Kreuter, Marie-Luise: Einmaleins
des Bio-Gärtnerns; GT

Bildnachweis

Fotos von Werner Dittmer, außer:
Angermayer 56, 64
Limbrunner 66 l.
Stehling 111, 113, 115, 116 o., 121
Umschlagfotos: Werner Dittmer

Zeichnung: Hellmut Hoffmann

BLV Verlagsgesellschaft mbH
München Wien Zürich
8000 München 40

BLV Garten- und Blumenpraxis 318

Gesamtherstellung:
R. Oldenbourg, München

Printed in Germany ·
ISBN 3-405-12765-3

Inhalt

Inhalt

Einführung

Immer mehr Menschen möchten biologisch gärtnern. Es gibt viele Gründe, die sie zu diesem Schritt bewegen: die allgemeine Verschmutzung und Zerstörung der Umwelt; die alarmierenden Nachrichten über schädliche Rückstände in zahlreichen Nahrungsmitteln; Gemüse und Obst aus dem Supermarkt, die »nach nichts schmekken«.
Immer mehr Menschen fürchten um ihre Gesundheit und um die Zukunft ihrer Kinder. Sie kommen zu der Erkenntnis, daß wir unsere Erde nicht ungestraft ausplündern dürfen. Deshalb möchten zahlreiche Gärtner wieder mit der Natur zusammenarbeiten – nicht gegen sie. Wenigstens der eigene Garten soll wieder zu einer harmonischen Oase werden, in der die Menschen, aber auch Tiere und Pflanzen, möglichst natürlich und gesund leben können.
Noch vor ein paar Jahren wurden »die Biologischen« von der Mehrzahl der »normalen« Freizeitgärtner belächelt. Sie galten als grüne Sektierer und Kohlrabi-Apostel. Inzwischen hat es sich herumgesprochen, daß die naturgemäßen Gartenmethoden keine Spinnerei sind. Die Fotos in diesem Buch, größtenteils aus dem Garten der Autorin, dokumentieren die üppigen Ergebnisse. Auch unzählige andere Bio-Gärten beweisen dies mit fruchtbaren Böden und guten Ernten. Vor allem aber zeigen sie, daß es möglich ist, wenigstens auf dem eigenen Grund und Boden ein Stückchen gesunde Umwelt zu bewahren.

Die Ernte aus einem sorgfältig gepflegten Bio-Garten kann sich sehen lassen. Die Kartoffeln, die hier ausgegraben werden, sind gesund; Größe und Menge entsprechen einem guten Durchschnitt. Besonderer Vorteil: Bio-Kartoffeln lassen sich gut lagern!

Je mehr »normale« Gärtner sich den Wunschtraum vom naturgemäßen Garten erfüllen möchten, desto wichtiger werden auch allgemein verständliche Anleitungen. Denn wer Bio-Gärtner werden möchte, der muß wissen, »wie es gemacht wird«. Er braucht den Erfolg, um wirklich überzeugt zu werden und »bei der Sache« zu bleiben.
Jeder kann biologisch gärtnern. Diese Methode ist keine Geheimwissenschaft, im Gegenteil: Sie ist praktisch, natürlich und leicht zu begreifen. Eine wichtige Voraussetzung ist allerdings, daß Gärtner oder Gärtnerin bereit sind, sich ein wenig mit den Zusammenhängen in der Natur zu beschäftigen und auch selber wieder Pflanzen und Tiere zu beobachten.
Dieses Buch möchte Ihnen dabei helfen. Es ist vor allem für die »grünen Anfänger« geschrieben. Sie finden darin eine kurze Einführung in die Grundlagen der naturgemäßen Gartenmethoden. Vor allem aber erhalten sie praktische Gebrauchsanweisungen für die wichtigsten Arbeiten in ihrem eigenen Bio-Garten: Kompostherstellung, Mulchen, Düngen mit organischen Mitteln, Mischkulturen und biologische Schädlingsabwehr. Es folgen zahlreiche Tips für die naturgemäße Pflege von Gemüse, Obst und Blumen.
Steigen Sie mutig ein in die Bio-Garten-Praxis! Sie werden bald erleben, daß unter Ihren Händen ein gesunder, blühender Garten entsteht. Ich hoffe, daß dieses 1 × 1 Ihnen die Anfangsübungen erleichtert, so daß Sie bald erfolgreich und glücklich im Sinne der Natur gärtnern. Der Weg vom unsicheren Erstkläßler zum erfahrenen »alten Hasen« ist dann nicht mehr weit.

Warum biologisch gärtnern?

Warum eigentlich nicht? Wer konsequent nach biologischen Methoden arbeitet, der kann mit gesunden Pflanzen, farbenfrohen Blüten und reichen Ernten rechnen. Was wünscht ein Gärtner sich mehr?
Warum wollen Sie ein Risiko eingehen mit giftigen Spritzmitteln, wenn es auch anders geht? Die Gefahr besteht ja nicht nur in der einmaligen Anwendung eines einzelnen Präparates, sondern in der Summierung vieler schädlicher Stoffe, die sich im Boden, im Wasser und schließlich in den Pflanzen ansammeln.
Noch weiß niemand genau, welch unberechenbare Mischung sich da im Laufe der Jahre zusammenbraut. Gegenüber der Umweltverschmutzung durch Industrie, Landwirtschaft und Autos sind wir alle fast machtlos. Aber im eigenen Garten können wir versuchen, natürlicher, gesünder und damit verantwortungsbewußter zu handeln.
Warum wollen Sie jedes Jahr von neuem viel Geld für chemische Spritzmittel, synthetische Dünger und Torf ausgeben, wenn es auch anders geht? Die biologische Methode ist auf die Dauer preiswerter und wirkungsvoller. Wer sich wieder mit den Gesetzen der Natur vertraut macht, der lernt auch viele sparsame Hilfsmittel kennen: Kompost und Brennesseljauche verursachen kaum Unkosten, aber sie steigern die Fruchtbarkeit des Gartens außerordentlich.
Auch im Bio-Garten wird vorbeugend oder in Notfällen gespritzt. Aber dabei verwendet der Gärtner natürliche Substanzen, von denen die meisten kostenlos am Wegrand oder am Gartenzaun wachsen. Solche hausgemachten Spritzbrühen halten die Pflanzen gesund, ohne der Umwelt zu schaden.

Inzwischen gibt es auch biologische Handelsprodukte, die bei der Düngung und bei der Schädlingsabwehr sehr nützlich sein können. Aber je länger und je intensiver ein Gärtner im Sinne der Natur arbeitet, desto weniger »Hilfe von auswärts« wird er benötigen. Denn die Fruchtbarkeit des Bodens wächst und wird immer stabiler. Auf gesundem Boden wachsen aber auch gesunde Pflanzen.
Viele Menschen wissen oder ahnen inzwischen, daß an dieser biologischen oder naturgemäßen Methode »etwas dran« ist.
Aber wenn sie gefragt werden, warum sie biologisch gärtnern wollen, dann antworten sie meist mit einer negativen Definition: »Ich will ohne Gift und Kunstdünger auskommen!«.
Zahlreiche Gärtner, vor allem junge Leute, glauben daraufhin, im biologischen Garten müsse alles so wachsen, wie es »Mutter Natur« gefällt – ohne jeden Dünger, ohne je einer Laus ein Bein zu krümmen. Das grüne Chaos ist dann nicht mehr weit.
Ich halte viel mehr von einer positiven Begründung:
Ein echter Bio-Gärtner ist kein Gegner sondern ein Befürworter. Er ist **für** natürliche Bodenpflege, **für** Kompost und organische Dünger, **für** sanfte, naturgemäße Schädlingsabwehr, **für** gesundes Obst und Gemüse.
Ein Bio-Gärtner kämpft nicht mit kriegerischen Mitteln – weder gegen Läuse noch gegen andersdenkende Mitgärtner. Das gute Beispiel wirkt auf die Dauer überzeugender als harte Worte. Wenn Ihr Nachbar bei einem heimlichen Blick über den Gartenzaun sieht, daß Sie auch »ohne Chemie« einwandfreie Äpfel und dicke Tomaten ernten, dann wird er irgendwann denken: Wenn das möglich ist, warum soll

Gurken im Steintopf, eingelegt nach Großmutters Rezept, selbstgekochte Marmelade, Kräuteressig und Kräuteröl bewahren die gesunden Genüsse des Sommers für den Winter.

ich es nicht auch einmal »biologisch« versuchen? Und dann ist die Schar derjenigen, die auf ein paar hundert Quadratmetern Erde für möglichst naturgemäße Verhältnisse sorgen, wieder einmal angewachsen.
Gemüse und Obst, die in solchen Gärten wachsen, können wieder als gesunde Nahrungsmittel gelten. Niemand braucht Angst vor unsichtbaren Rückständen zu haben. Kinder können unbesorgt in frisch geerntete Früchte beißen. Sie genießen ebenso wie die Erwachsenen den auffallend würzigen Geschmack der Tomaten und die süße Frische der Möhren.
Es lohnt sich auch wieder, diese Ernte aus dem eigenen Garten für den Winter zu konservieren. Solche Vorräte sind wertvoll, weil sie nicht nur reich an natürlichem Aroma, sondern auch reich an Vitaminen und Mineralstoffen sind. Bio-Früchte zeichnen sich durch gute Lagerfähigkeit aus.
Vor allem aber weiß der Gärtner nach den Mühen eines Sommers genau, was in seinen Früchten »drin« und was bestimmt »nicht drin« ist. Darum – und aus vielen anderen Gründen – lohnt es sich, biologisch zu gärtnern. Am besten probieren Sie es selber aus, denn die Erfahrung »am eigenen Leib« ist wichtiger als alle Überredungskunst.

Diese gesunden Äpfel wurden nie gespritzt.

Der Stoff, aus dem die Erde ist

Der Grund-Stoff, mit dem alle Gärtner ein Leben lang arbeiten, ist die Erde. Dieses braune, krümelige Material verändert sich ständig. Erde ist lebendig und deshalb unberechenbar. Nur mit Sachverstand und Liebe läßt sie sich gewinnen für die Absichten des Menschen. Wer die Erde rücksichtslos ausbeutet, der bleibt über kurz oder lang selbst als Bettler zurück. Die schnell wachsenden Wüsten überall in der Welt sollten uns allen eine Warnung sein!

Sandboden rieselt durch die Finger.

Böden und ihre Eigenarten

Der Boden ist die »Grund-Aussteuer« des Gartens. Der Gärtner muß sich zunächst auf diese »Mitgift« einstellen, die er sich beim Hauskauf oder bei der Pacht eines Stückes Land eingehandelt hat. Von Stund an muß er mit den Eigenarten seines Gartenbodens zurechtkommen. In unseren mitteleuropäischen Landschaften kann er dabei den folgenden Bodentypen begegnen:

Sandböden
Diese Böden sind leicht und durchlässig. Sie bestehen aus unzähligen Sandkörnern, durch die das Regenwasser rasch hindurchrinnt wie durch ein Sieb. Sandböden halten weder Feuchtigkeit noch Nährstoffe. Sie erwärmen sich rasch, kühlen aber auch in kurzer Zeit wieder aus.
Sandige Böden bieten dennoch auch einen Vorteil: Sie lassen sich leicht bearbeiten. Die Kartoffelernte zum Beispiel bereitet auf solch leichtem Grund viel weniger Mühe als auf lehmigen Böden. Aber die Pflanzen leiden hier schnell an Durst und Hunger. Deshalb muß ein Bio-Gärtner versuchen, die leichte, körnige Erde mit Humus und »bindigen« Substanzen anzureichern. Kompost, Tonmehl und Mulchdecken eignen sich dazu sehr gut. Reiner Sand kommt übrigens selten vor, meist ist die leichte, quarzhaltige Erde mit mehr oder weniger Lehmanteilen vermischt.

Lehmböden
Hier hat der Gärtner Glück, denn er steht auf humusreichem Land. Lehm-

Humusreicher Lehm ist krümelig.

böden enthalten meist auch Kalk. Sie sind in der Lage, Wasser, Nährstoffe und Wärme zu speichern. Dies sind gute Voraussetzungen für ein gesundes Pflanzenleben.
Lehmige Böden enthalten einen unterschiedlich hohen Sandanteil. Je nach Mischung sind sie locker und humos oder fett und schwer. Für die Pflege der Lehmböden gelten alle biologischen Kulturmaßnahmen, die in diesem Buch beschrieben sind. Vor allem sind regelmäßige Kompostversorgung und Mulchen wichtig.

Tonböden
Dies ist die negative Steigerung des Lehmbodens. Die Struktur dieser Erde ist schwer und dicht. Tonböden sind wasserundurchlässig und kalt. Die Wurzeln der Pflanzen können nur schwer in diese zähe Masse eindringen. Bei Regen staut sich die Nässe; bei Trockenheit wird die Erde hart wie Ziegelsteine.
Tonböden sind im Grunde fruchtbar, weil sie die Nährstoffe festhalten. Aber sie müssen in ihrer Struktur wesentlich verbessert werden. Dies ist

Aus Ton können Sie feste Klumpen formen.

oft eine mühsame Arbeit. In schlimmen Fällen muß Sand als Lockerung untergemischt werden. Tiefwurzelnde Gründüngung sorgt anschließend für erste, luftige Hohlräume. Kompost und Mulchdecken bauen mit der Zeit eine humusreiche Oberschicht auf, in der die Pflanzen gut gedeihen.

Moorböden
Hochmoorböden sind torfhaltig, feucht und sauer. Sie enthalten von Natur aus wenig Nährstoffe. Deshalb muß der Gärtner mit tonhaltigem Gesteinsmehl, Kompost, Kalk und organischem Dünger nachhelfen.
Niedermoorböden besitzen dagegen einigen Kalkgehalt; sie sind auch nicht so sauer wie Hochmoorerde.
Nehmen Sie als Garten-Lehrling zuerst einmal Ihre Erde in die Hände, um sie kennenzulernen. Sand rieselt Ihnen dabei durch die Finger. Humoser Lehm läßt sich leicht zusammendrücken; er bleibt aber krümelig und klebt nicht. Ton bildet zähe Klumpen; Sie könnten Ziegelsteine daraus formen. Moorboden schließlich läßt sich wie ein feuchter Schwamm zusammendrücken.
Nun wissen Sie, was Ihr Garten Ihnen anbietet. Was Sie im Lauf der Jahre daraus machen, ist nun Ihre Bio-Gärtnersache.

Lebendiger Humus

Dunkelbrauner, duftender Humus – das ist das Klassenziel jedes Gärtners, der in die Schule der Natur geht. Solche Traumerde ist locker, warm, feucht und nährstoffreich. Gemüse, Obst und Blumen gedeihen darin fast von selbst.
Wie Humus entsteht, das lehrt die

Der Stoff, aus dem die Erde ist

Natur uns immer aufs neue in ihren Mischwäldern. Wer eine der Grundregeln des Bio-Gärtnerns einmal »mit Händen greifen« will, der braucht nur zum Nachhilfeunterricht ins Grüne zu gehen. Schieben Sie unter den Bäumen einmal die lockere Blätterschicht beiseite und graben Sie dann mit beiden Händen den Boden auf. Das Experiment kostet keine Anstrengung. Mühelos dringen Sie in weiche, herrlich dunkle Erde ein. Wenn Sie dann einmal mit geschlossenen Augen den Geruch des Waldhumus einatmen, der leicht nach Pilzen duftet, dann wissen Sie, wie die Erde in Ihrem Garten einmal beschaffen sein soll.

Der Wald bringt dieses Wunder ohne Spaten und Düngersack fertig. Kein Mensch greift ein, um Bäume und Sträucher zu ernähren. Dennoch wachsen sie zu mächtigen Pflanzengestalten heran, die oft viel älter werden als die Menschen, die sie in die Erde setzten.

Der Wald lebt vom eigenen Abfall. Jeden Herbst bleiben welke Blätter und Nadeln als lockere Bodendecke liegen. Trockene Gräser, dünne Zweige und die Abfälle der Tiere mischen sich darunter. Für Mikroorganismen und kleine Bodentiere ist dies ein gedeckter Tisch. Sie wandeln die zerfallenden organischen Substanzen ständig in nährstoffreichen Humus um. In aller Stille wächst so die gute Walderde immer wieder nach.

Käme jemand auf die Idee, im Herbst die Wälder sauber zu fegen, so würde dieser wunderbare Kreislauf zusammenbrechen. Die Bäume könnten sich nicht mehr selbst ernähren; der Wasserhaushalt würde empfindlich gestört. Ohne künstliche Ernährung müßten die Wälder dann irgendwann sterben.

Denken Sie daran, wenn Sie während Ihrer Bio-Gartenlehre das Bedürfnis nach einem »ordentlichen« Garten überkommt. Auch auf Ihren Beeten kann die Natur zu einem großen Teil selbst für Nahrung und kostbaren Humus sorgen. Sie dürfen sie nur nicht daran hindern! »Muttererde« ist kein »Fertigprodukt«, sondern ein lebendiger Organismus. Sie verändert sich ständig – zum Guten oder zum Schlechten, je nachdem, wie der Gärtner die Lebensprozesse in seinem Garten lenkt.

Natürliche Laubdecke über dem Waldhumus.

Mikrokosmos unter unseren Füßen

Die größten Wunder und die geduldigsten Mitarbeiter treten wir täglich mit Füßen. Die Gartenerde gleicht einer bis in die letzten Winkel organisierten Stadt, in der Milliarden Einwohner Tag und Nacht tätig sind. Wenn ein Gärtner zu Beginn seiner Bio-Lehre einen Blick in diese unterirdische Welt werfen könnte, dann würde er die wichtigsten Gesetze des naturgemäßen Gartens rasch begreifen.

Die Humusdecke auf den Beeten ist in wohlgeordnete Schichten eingeteilt. Darin wimmelt es von Leben, aber

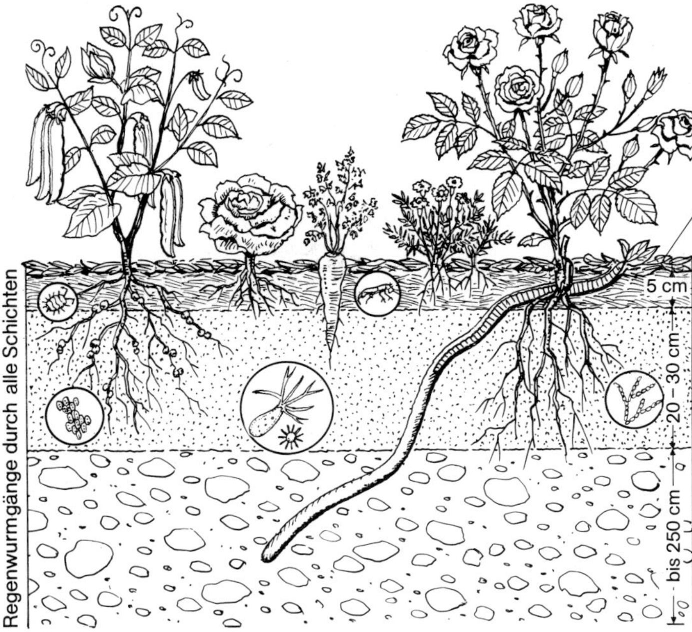

Der sinnreiche Aufbau der Bodenschichten wird hier für den Gärtner sichtbar.

nichts geschieht zufällig. Die meisten »Bewohner« dieses Mikrokosmos in der Erde sind so winzig klein, daß sie nur unter einem Elektronenmikroskop sichtbar werden. Zu ihnen gehören Mikroorganismen, wie Bakterien und Algen, oder Urformen des Lebens, wie Geißel-, Wimper- und Glockentierchen.
Aber auch kleine sichtbare Tiere bevölkern die fruchtbare Muttererde: zum Beispiel Fadenwürmer, Springschwänze, Tausendfüßler, Asseln, kleine Schnecken und vor allem die Regenwürmer. Sie alle arbeiten – wenn sie ungestört bleiben – Hand in Hand an der Umwandlung organischer Abfälle in Humus und Nährstoffe.
Dieses lebenswichtige Teamwork spielt sich in drei gut organisierten Zonen ab. Die oberste Schicht besteht in einem biologischen Garten aus einer Mulchdecke. Darunter liegt die erste Humusschicht, die sogenannte Rottezone. Sie ist etwa 5 cm dick. Hier sind spezielle Mikroorganismen zu Hause, die die groben Zersetzungsprozesse einleiten. Welke Blätter, Grashalme, kleine Zweige und auch tote Käfer werden hier »auseinander genommen« und zerkleinert.
Die Lebewesen dieser Rotteschicht benötigen für ihre Arbeit unbedingt Sauerstoff, Feuchtigkeit und Wärme. Zu ihren Füßen beginnt die eigentliche Humusschicht, die 10–30 cm stark sein kann. Hier sind ganz andersgeartete Mikroorganismen tätig. Sie bauen aus den »Einzelteilen« der Rotteschicht neue Bausteine des Lebens auf. So entstehen zum Beispiel Nährlösungen, die für die Wurzeln der Pflanzen genau die richtige Zusammensetzung besitzen. Zwischen den Bodenorganismen und den Pflanzenwurzeln findet ständig ein enges Wechselspiel statt.
Auch die fruchtbare Krümelstruktur des Dauerhumus entsteht in dieser

zweiten Schicht. Sie wird aufgebaut von unzähligen Algen und Pilzen, die alle an ihrem Platz eine bestimmte Aufgabe erfüllen.
Zu den wichtigsten Anliegen eines Bio-Gärtners gehört es, diese lebensvollen Schichten zu schützen und zu pflegen. Sie dürfen nie unnötig gestört werden, weil sonst das Netz der eng verflochtenen Beziehungen zerrissen wird – zum Schaden des Bodens, der Pflanzen und des Gärtners. Humuspflege im Sinne der Natur gehört deshalb zu den wichtigsten Lektionen im 1 × 1 des Bio-Gärtners. Wie sich dieses Wissen in der Garten-Praxis auswirkt, können Sie zum Beispiel im Kapitel: »Umgraben – nein danke!« nachlesen.

Der Kreislauf der Stoffe
Die lebendige und nährstoffreiche Humusschicht ist normalerweise 20–30 cm dick. Nur kleine Flecken auf unserem Erdball sind von diesem kostbarsten aller Stoffe bedeckt. Wir alle – Menschen, Tiere und Pflanzen – leben von den Produkten, die die dünne Schicht Muttererde hervorbringt. Wenn dieser fruchttragende Boden zugrunde geht, haben wir keine Überlebenschance.
Bio-Gärtner versuchen bewußt und einfühlsam die Erde, die ihnen eine Zeitlang anvertraut ist, zu pflegen. Sie lassen dabei Milliarden unsichtbarer Helfer für sich arbeiten. Alle organischen Abfälle des Gartenjahres werden stets an den Boden zurückgegeben. Sie dienen denjenigen Lebewesen als Nahrung, die aus den Resten neue Erde für unsere alte Erde aufbauen. So schließt sich der natürliche Kreislauf der Stoffe, in den auch der Mensch sich wieder sinnvoll eingefügt hat.

An diesem Kompost-Silo läßt sich der Kreislauf der Stoffe sichtbar demonstrieren: Oben wird organischer Abfall eingefüllt, unten ist bereits aus Gartenresten neue Erde entstanden.

Unnütz? Nicht im Sinne der Natur

Auf diese Idee konnten nur die Menschen kommen: Sie teilten den Rest der Welt in »gut« und »böse«, in »nützlich« und »unnütz« ein. Diese Bewertung ist ganz und gar abhängig vom Standpunkt eines Lebewesens, das sich als »Herrscher« über alle anderen sieht. Für die Menschen ist »nützlich«, was ihr Nahrungsangebot vergrößert und ihren materiellen Reichtum vermehrt. »Unnütz« sind alle, die es wagen, an den Erzeugnissen des Menschenfleißes zu knabbern.

»Schädlinge« gibt es eigentlich nicht

Der Garten ist seit seinen Anfängen eine kultivierte Oase, die von der »Wildnis« sorgfältig abgegrenzt wurde. Im Schutz von Zäunen und Hecken gedeihen hier gezüchtete Pflanzen, die größer und ertragreicher sind als ihre ungezähmten Vorfahren. Diese Kultur-Gewächse sind aber auch empfindlicher gegenüber Krankheiten und anspruchsvoller in der Ernährung. Sie brauchen die Fürsorge des Gärtners, der ihr Gedeihen überwacht.
Der seßhafte Mensch, der sich alle Mühe gibt, dicke Sellerieknollen und süße Erbsen zu ernten, möchte diesen nahrhaften »Besitz« nicht mit ungebetenen Mitessern teilen. Deshalb betrachtet er alle Tiere, die sich ohne Einladung am gedeckten Tisch seines Gartens niederlassen, als »Schädlinge«.
Es ist das gute Recht eines Gärtners, seine Pflanzen zu schützen. Er möchte ja gesunde Früchte für seine Familie ernten. Es ist aber sehr kurzsichtig, wenn er deshalb jedes Tier, das ihm im Weg ist, umbringt. Das Gleichgewicht des Lebendigen wird durch harte Eingriffe empfindlich gestört.
Ein Bio-Gärtner muß sich zu der manchmal unbequemen Erkenntnis durchringen, daß jeder »Schädling« auch gleichzeitig ein »Nützling« ist. So dienen zum Beispiel die Läuse den Marienkäfern, den Jungen der Meisen und den Florfliegenlarven als Nahrung. Wo die krabbelnden und saugenden Insekten »total weggespritzt« werden, da verlieren auch zahlreiche Nützlinge ihre Lebensgrundlage.
Selbst die gefräßigen Schnecken erfüllen »nebenbei« eine positive Aufgabe im Garten: Sie beseitigen verwesende Abfälle und kleine tote Tiere. Eine solche »Müllabfuhr« ist unter anderem auch aus hygienischen Gründen wichtig.
Obgleich der Garten ein umhegter und bis zu einem gewissen Grade »künstlicher« Ausschnitt aus der Umgebung ist, bleibt auch hier das »Miteinander« der Lebewesen oberstes Gebot. Je mehr es dem Gärtner ge-

Raupen des Kohlweißlings an Kohlrabi.

Unnütz? Nicht im Sinne der Natur

Braune Wegschnecke an zartem Mangold.

lingt, für natürlichen Ausgleich und harmonische Wechselbeziehungen zu sorgen, desto weniger braucht er einzugreifen.
Im übrigen hilft rechtzeitiges Nachdenken oft mehr als zornige Rache.

Schwächliche oder stark überdüngte Pflanzen sind besonders gefährdet durch »Schädlinge«. Läuse bevorzugen weiches, anfälliges Gewebe; knackig-festen Blättern gehen sie aus dem Weg.
Deshalb gehört die Anzucht gesunder, kräftiger Pflanzen zu den vorbeugenden Maßnahmen, mit denen Bio-Gärtner Schädlinge erfolgreich abwehren. Auf einem gesunden Boden, der mit Kompost und Mulchdecken gepflegt wird, gedeihen auch starke, widerstandsfähige Pflanzen.
Mischkulturen verhindern eine übermäßige Ausbreitung und Vermehrung derjenigen Tiere, die erst in Massen zum »Schädling« werden. Sie finden in der bunten Vielfalt nicht genügend Lebensraum. Wenn von einer Reihe zur anderen die Pflanzen wechseln, dann müssen auch Insekten oder Käfer, die meist auf bestimmte Nahrungsquellen spezialisiert sind, ihr Revier wechseln.

In diesem ländlichen Bio-Garten bilden Gemüse, Obst und Kräuter eine gesunde Mischung.

Unnütz? Nicht im Sinne der Natur

Bei gezielten Mischkulturen ist ihnen der »Nachbar« oft unsympathisch; mancher »Schädling« wandert dann aus, um bequemere Lebensräume zu suchen.
Im Garten aber ist die abwechslungsreiche Vielfalt leicht zu verwirklichen. Sie kommt auch den Wünschen des Gärtners nach möglichst vielen Obst- und Gemüsearten entgegen. So lassen sich durch kluge Planung der Schutz der Pflanzen und gesundes Wachstum leicht miteinander verbinden.

Vom Sinn des Un-Krautes

»Unkraut« gibt es ebenso wenig wie »Schädlinge«. Jedes Wildkraut, das im Garten oder am Wegrand wächst, erfüllt seinen Sinn in der großen Gemeinschaft des Lebendigen. Oft gehört das lästige Kraut, das ein Gärtner ärgerlich ausreißt, zu den Heilpflanzen. Es besitzt wertvolle Inhaltsstoffe, die der Gesundheit dienen könnten. Aber viele Menschen wissen davon nichts mehr.
Auch bei den Un-Kräutern sollte ein Bio-Gärtner in die Schule gehen. Sie können ihm manchen wertvollen Tip über den Zustand seines Bodens geben. Denn keine Wildpflanze wächst zufällig an einem Standort. Die Erde ist überreich an »schlafenden« Samenkörnern. Aber sie gehen nur dann auf, wenn sie diejenigen Bedingungen vorfinden, die ihrem »persönlichen Geschmack« entsprechen.

Un-Kraut gibt dem Gärtner wertvolle Tips: Knöterich (oben) zeigt schweren, nassen Boden, Franzosenkraut (Mitte) wächst auf gutem Humus. Kleine Wolfsmilch (unten) auf kalkhaltiger Erde.

Anmutig-bunte Wildblumengemeinschaften am Feldrand gibt es leider nur noch selten.

In schweren, undurchlässigen Böden keimen ganz andere Pflanzen als in lockerem Humus. Wer sich ein wenig unter den Un-Kräutern auskennt und ihre Sprache lernt, der erhält wertvolle Anregungen für seine Gartenarbeit. Auf schweren, verdichteten Boden weisen zum Beispiel Löwenzahn, Ackerminze und Kriechender Hahnenfuß hin. Auf nassem Untergrund findet man Ampferknöterich und Beinwell. Kalkarmen Boden zeigen oberirdisch Stiefmütterchen, Bauernsenf und Hundskamille an. Von gutem Kalkzustand berichten dagegen Ringelblumen, Wiesensalbei, Wegwarte, Gamander und Kleine Wolfsmilch. Wo der Blick des Gärtners auf Vogelmiere, Brennessel, Franzosenkraut, Schwarzen Nachtschatten und Melde fällt, da besteht kein Grund zur Klage. Diese Un-Kräuter verraten guten, humusreichen Boden.

Wildkräuter geben aber nicht nur deutliche Fingerzeige auf den Zustand der Erde, in der sie wachsen, sie tragen auch zu ihrer Veränderung bei. Ihre Wurzeln lockern den Boden auf. Manche Pflanzen, wie zum Beispiel Klee, reichern sogar Nährstoffe in der Erde an. Andere tragen durch ihre Wurzelausscheidungen zur Regeneration ausgelaugter Böden bei. Aus diesem Grund ließ man in früheren Jahrhunderten nach 3 Ernten die Felder 1 Jahr lang brach liegen. In dieser Zeit eroberten die Wildkräuter das Land. Es erholte sich, und mancher Mangel wurde ausgeglichen. Un-Kraut ist Heilkraut für die Erde und für die Menschen. Es lohnt sich, die »Zeichensprache« der Natur zu lernen. Dem Bio-Gärtner können diese oft verachteten Pflanzen manchen guten Rat geben, den er in seiner Lehrzeit und auch in späteren Jahren beherzigen sollte.

Vom Traum zur grünen Wirklichkeit

Der Wunsch nach einem Garten, in dem der Gärtner mit seiner Familie ohne Ängste vor unsichtbaren Schadstoffen leben kann, ist weitverbreitet. Aber viele Menschen haben ihren Traum noch nicht in die grüne Wirklichkeit umgesetzt, weil sie fürchten, die biologische Methode sei zu aufwendig oder zu geheimnisvoll für »normale« Gärtner.

Die biologische Methode gibt es aber gar nicht. Stattdessen bieten sich verschiedene Wege an, die auf naturgemäße Weise zu einem gesunden Garten führen. Mancher schmale Pfad ist wirklich nur für Spezialisten begehbar. Aber der Mittelweg ist breit und für jedermann erreichbar.

In diesem Buch werden in der Hauptsache die Arbeitsweisen der biologisch-organischen Methode beschrieben. Sie können überall in die Gartenwirklichkeit umgesetzt werden. Ich halte es für sehr wichtig, daß möglichst viele Menschen wieder in möglichst natürlichen, gesunden Gärten leben können. Deshalb werden in diesem Buch nur Gedanken und Arbeitsanleitungen beschrieben, die für jeden verständlich und praktikabel sind. Wer sich später als fortgeschrittener Bio-Gärtner mit speziellen Gebieten, zum Beispiel mit der biologisch-dynamischen Methode, beschäftigen möchte, der findet dazu reichlich Fachliteratur.

Geduld bei der Umstellung

Wenn ein Gärtner den Mut gefaßt hat, seinen Garten auf naturgemäße Methoden umzustellen, dann muß er zunächst Geduld und Ausdauer aufbringen. Nichts ist schwieriger, als die eigenen Gewohnheiten zu ändern. Deshalb muß der Bio-Gärtner zunächst Geduld mit sich selber haben. Auch das Umdenken braucht seine Zeit!

Dem Garten ergeht es ähnlich: Er ändert sich nicht von heute auf morgen. Wo jahrelang mit giftigen, chemischen Mitteln gespritzt und mit synthetischen Salzen gedüngt wurde, da braucht die Natur Zeit, um wieder Tritt zu fassen.

Der Reichtum des Bodenlebens muß sorgfältig wieder aufgebaut werden. Für die vielen Nützlinge, die den Bio-Gärtner bei seinen Bemühungen unterstützen, muß wieder Lebens- und Freiraum geschaffen werden.

Die Umstellungszeit kann, je nach den besonderen Verhältnissen, unangenehme Überraschungen mit sich bringen. Die biologischen Methoden greifen ja erst richtig, wenn das ökologi-

Kompost ist die Grundlage des Bio-Gartens.

sche Netz wieder von zahllosen Lebewesen zusammengesponnen wird. Solange es große Löcher aufweist, können »Schädlinge« und Krankheiten noch durchschlüpfen.
Läuse-Invasionen sind fast normal während der Umstellung. Die chemischen Mittel fallen weg, aber die natürlichen Bundesgenossen sind noch nicht stark genug, um für Ausgleich zu sorgen. In schlimmen Fällen helfen dann biologische Spritzmittel, wie sie im Kapitel »Schädlingsabwehr« ab Seite 56 beschrieben sind.
Vor allem aber heißt es jetzt: durchhalten! Der zukünftige Bio-Gärtner muß alle wichtigen Arbeiten, die die naturgemäßen Grundlagen im Garten legen, stets sorgfältig und regelmäßig durchführen. Kompost und Mulchdekken dürfen niemals ausgehen. Dann kann er sicher sein, daß die Durststrecke bald überwunden ist. Wer in diesem Stadium aufgibt und wieder zur Giftspritze greift, der zerstört mehr, als er verlieren könnte. Vielleicht findet er zeitweise Ruhe vor den Läusen – aber dies ist die Ruhe eines Friedhofes.

Das biologische Gleichgewicht

Jeder Garten reagiert ein wenig anders. Aber eines Tages – nach 2 oder 3 Jahren – ist der Zeitpunkt gekommen, an dem der Bio-Gärtner sieht, fühlt und weiß: Es funktioniert! Überall wird das biologische Gleichgewicht spürbar – ein harmonisches Zusammenspiel zwischen Boden, Pflanzen und Tieren. Der Garten lebt nun im Gleichklang mit den Gesetzen der Natur. Leben und Tod, Gesundheit und Krankheit halten sich die Waage.

Kein Mensch und kein Garten sind jemals perfekt, aber extreme Katastrophen wird es in einem ausgeglichen biologischen Garten nicht mehr geben. Mit den üblichen Wechselfällen des Lebens und des Wetters aber kann der Gärtner hier ohne Angst und ohne Gewalt fertig werden.
Sobald ein Bio-Gärtner lebendig und anschaulich erfährt, wie gut sein Garten gedeiht, wenn er sich im Sinne der Natur entfalten darf, braucht er nie mehr mit Worten überzeugt zu werden. Er hat mit allen seinen Sinnen die Erfahrung gemacht: So ist es gut und richtig.

Vom Traum zur grünen Wirklichkeit

Es hat sich gelohnt

Ein biologischer Garten ist ein Ort des Friedens. Ohne Angst vor giftigen Rückständen können Gemüse, Obst und Kräuter geerntet werden. Kinder dürfen frische Erdbeeren oder Äpfel pflücken und sofort hineinbeißen. Die Ernte ist gesund, wohlschmeckend und lange haltbar. Früchte erfüllen wieder eine naturgemäße Aufgabe: Sie sind Nahrungsmittel und Arznei zugleich. Für die Gesundheit der Familie bedeutet dies viel in einer Umwelt, die immer ungesünder und gefährlicher wird.

Aber ebenso wichtig wie die mit Händen greifbaren Ergebnisse sind die »inneren Werte«. Wie kann ein Gärtner Ruhe und Entspannung finden, wenn er auch zwischen Rosen und Salatköpfen noch kämpfen muß? Im naturgemäßen Garten darf er heiter und friedlich sein. Er steht auf der Seite des Lebens, das er schützt und stärkt. Dabei gewinnt er auch selber jenen Zustand der inneren Übereinstimmung mit sich und der Welt, der in der Hektik des Alltags so oft verlorengeht. Auch diese Harmonie der Gefühle ist eine Frucht naturgemäßen Gärtnerns, die alle Mühe wert ist.

Der Kompost

Ein Bio-Garten ohne Kompost ist undenkbar. Erst die regelmäßige Erneuerung der Erde macht die beständige Fruchtbarkeit des Bodens und die Gesundheit der Pflanzen möglich. Aus dem selbst hergestellten Kompost fließt dem Garten immer wieder neue Kraft zu. Humus und Nährstoffe gehen niemals aus, im Gegenteil: Sie wachsen ununterbrochen nach.
Der Kompost ist ein sehr preiswertes Produkt. Käufliche Dünger und Bodenverbesserungsmittel kosten viel Geld. Die »kleine Erdfabrik« in der Gartenecke kostet kaum mehr als etwas Mühe und angewandten Verstand.
Zu Großvaters Zeiten war die Kunst des Kompostierens noch ein aufwendiges Unternehmen. Mindestens 3 Jahre lang blieben die Abfall-Mieten liegen, bis auch das letzte Ästchen sich in feine Erdkrümel verwandelt hatte. Ein- bis zweimal im Jahr mußte der ganze Haufen mühsam umgesetzt werden.
Heute gelten andere Regeln. Auch Bio-Gärtner gehen mit der Zeit, wenn neue, bessere Erkenntnisse gewonnen werden. Man weiß inzwischen, daß in völlig vererdetem Kompost auch ein Teil der Nährstoffe wieder abgebaut wurde. Frisch verrotteter Kompost, der nur 6–9 Monate lagerte, ist dagegen noch reich an Mikroorganismen und wertvollen Inhaltsstoffen. Es schadet nichts, wenn seine Struktur noch etwas grob wirkt. Auf dem Beet, im Schutz einer Mulchdecke, vollzieht sich der Rest der Umsetzung in kurzer Zeit. Alle Nährstoffe werden dabei in die Erde und zu den Wurzeln der Pflanzen befördert.
Auch die technischen Möglichkeiten wurden verbessert. Es gibt heute Silos und Spezialsäcke, die eine harmonische Kompostzubereitung auch im kleinen Garten möglich machen. Wer das 1 × 1 des Bio-Gärtners erlernen möchte, der erhält seine wichtigsten Unterrichtsstunden auf dem Platz, an dem sich die Abfälle des Gartenjahres wieder in Erde verwandeln.

Neues Leben aus vergänglichen Stoffen

Wehmut schleicht sich ins Herz des Gärtners, wenn wieder einmal die Blätter fallen. Er schneidet die verblühten Stauden ab und sammelt das welke Kartoffellaub ein. Von den Bohnenstangen werden die gelben Ranken abgestreift und vom letzten Salatkopf die groben Außenblätter abgezupft. Vorbei. Ein Sommer ist gestorben. Die Überreste landen auf dem Abfallplatz des Gartens.
Ein Gärtner, der mit der Natur arbeitet und ihre tieferen Zusammenhänge kennt, hat eigentlich keinen Grund, im Herbst traurig Abschied zu nehmen. Er weiß: Der Kompostplatz ist kein Friedhof. Nichts von dem, was hier in seine kleinsten Einzelteile zerfällt, geht verloren. Aus den Ur-Bausteinen werden immer wieder neue Formen des Lebens zusammengestellt.
Der Bio-Gärtner sieht von diesem wunderbaren Prozeß meist nur den Anfang und das Ende: den Abfallhaufen und die dunkle Erde, die daraus entsteht. Im Innern des Komposthügels aber spielen sich in der Zwischenzeit aufregende Dinge ab. Milliarden winzige Mikroorganismen und zahllose kleine Bodentiere fallen lautlos über welke Blätter, Pflanzenstengel, Grashalme und Holzreste her. Sie nehmen sie buchstäblich auseinander.

Ein übersichtlicher Kompostplatz erleichtert die Arbeit: vorn der gesammelte Abfall, links Kompostsilos, in der Mitte Mieten, rechts Gefäße für Pflanzenjauche.

In diesen Tagen der heftigen Zerstörung organischer Substanzen wird im Kompost Energie freigesetzt und Wärme bis zu 80 °C erzeugt. Nur Bakterien, die so viel Hitze ertragen, können auch diese »Fegefeuer-Arbeit« leisten. Nach einigen Wochen fällt der Haufen zusammen und kühlt ab. Nun gehen, ähnlich wie in der Humusschicht des Gartens, diejenigen Tiere und Mikroorganismen ans Werk, die aus den roh bearbeiteten Stoffen neue, brauchbare Substanzen zusammensetzen. Zu dieser Zeit wandern auch die Regenwürmer ein, die beim Aufbau von neuem Humus besonders wertvolle Dienste leisten.
Die braune, duftende Erde, die nach einigen Monaten an dieser Stelle entsteht, ist ein Stoffwechselprodukt von Milliarden Bakterien, Bodenpilzen, Algen, Regenwürmern und anderen kleinen Tieren. Rosenblätter, Gemüsereste und Grashalme wandern durch die winzigen Körper hindurch. Sie verändern dabei ihre Form und ihre Inhaltsstoffe. Sie nehmen im wahrsten Sinn des Wortes neue Gestalt an.
Wie man es auch erklären und wissenschaftlich durchleuchten mag: Dies ist eines der großen Wunder auf unserer Welt. Es ist das ewige Gleichnis von Tod und Leben, von Anfang und Ende, die ineinander verschlungen sind. Der Bio-Gärtner lebt mit und von diesem Wunder. Je mehr er davon begreift und je sorgfältiger er damit umgeht, desto mehr werden die positiven Folgen überall sichtbar werden.

Der Kompostplatz

Da der Platz, an dem neue Erde entsteht, so wichtig für das Wohlergehen des ganzen Gartens ist, muß er auch sorgsam ausgesucht werden. Er sollte ein wenig im Hintergrund liegen, aber gut erreichbar sein. Der Kompostplatz darf auf keinen Fall einer

Der Kompost

Dieser Kompostplatz hat Wege aus Betonplatten und Abgrenzungen aus Bahnschwellen.

dunklen, muffigen Gerümpelecke gleichen.
Geschützt durch Hecken oder Sträucher, halbschattig und warm – das wäre ein idealer Platz. Austrocknender Wind, heiße, direkte Sonne und naß-kalte dunkle Ecken wirken sich

Diese Gefäße aus Steingut und Plastik eignen sich zum Ansetzen von Pflanzenjauche.

dagegen schädlich auf einen harmonischen Ablauf der Rotte aus.
Am besten wählt der Bio-Gärtner einen Platz mit leichtem Schatten aus, an dem immer noch genug wärmende Sonnenstrahlen durchdringen. Wo keine Hecken oder Sträucher vorhanden sind, da leisten auch einjährige Pflanzen an Klettergerüsten gute Dienste als Wind- und Sichtschutz. Ein Vorhang aus Wicken oder Feuerbohnen kann zum Beispiel den Kompostplatz zum Garten hin abschirmen. Auch eine Reihe hoher Sonnenblumen bildet eine hübsche, blühende »Verkleidung«.
Wo genügend Raum vorhanden ist, da sollte der Kompostplatz großzügig eingeteilt werden. Bewegungsfreiheit erleichert die Arbeit. Planen Sie mindestens 2 Kompostmieten ein. Dazwischen verlegen Sie am besten 40 bis 50 cm breite Wege aus einfachen Platten. Dann haben Sie eine feste, saubere Unterlage, die auch schwere Schubkarren voll Gartenabfällen aushält. Bei feuchtem Wetter bewähren sich solche Wege ganz besonders.
Wichtig ist außerdem ein Sammelplatz, den Sie durch ein paar Bretter abgrenzen können. Hier werden alle organischen Abfälle zunächst aufgehäuft, zerkleinert und gemischt. Erst wenn sich reichlich Material angesammelt hat, beginnt der Gärtner mit dem lockeren Aufschichten des Kompostes.
Ideal wäre es, wenn Sie auch noch Platz für eine oder mehrere Jauchetonnen und für einen geschlossenen Komposter hätten. In einem solchen Spezialbehälter können Sie zu allen Jahreszeiten auch Küchenabfälle verwerten.
Eine übersichtliche Kompostanlage mit mehreren »Abteilungen« wäre für

einen größeren Bio-Garten bestens geeignet. Eine solche Investition lohnt sich, weil an diesem Platz ja jahrelang fast kostenlos Humus und Dünger erzeugt werden.
Aber nicht jeder Garten bietet dafür genügend Raum. Dann müssen Sie sich selbstverständlich nach den vorhandenen Möglichkeiten richten. Auf den folgenden Seiten finden Sie deshalb zahlreiche Kompost-Variationen. Suchen Sie sich diejenige aus, die für Ihre speziellen Gartenverhältnisse brauchbar ist. Sie dürfen auf Ihrem großen oder kleinen Kompostplatz nach Herzenslust experimentieren, bis Sie die für Sie ideale Methode herausgefunden haben. Nur eines dürfen Sie nicht: ganz auf Kompost verzichten.

Das Grundrezept des Kompostierens

Eine Kompostmiete muß immer auf offenem Boden angelegt werden. Auch Silos dürfen nicht auf Betonplatten stehen. Nur bei unten geschlossenen Behältern spielt der Untergrund keine Rolle.
Der Kontakt mit der lebendigen Erde ist wichtig, weil Mikroorganismen und Regenwürmer aus dem Boden in das Kompostmaterial einwandern können. Bei großer Hitze oder Kälte können sich diese nützlichen Lebewesen auch wieder in die schützende Tiefe zurückziehen.
Außerdem läßt sich die Feuchtigkeit besser regulieren, wenn sie nach unten abfließen kann. In trockenen Zeiten steigt aber auch Bodenfeuchtigkeit in das Kompostmaterial auf. Eine harmonische Feuchtigkeitsregulierung ist für die Zersetzungsprozesse im Kompost sehr wichtig. Deshalb sollte der Bio-Gärtner sowohl unter der Miete als auch unter einem offenen Silo zunächst die Erde 10–20 cm tief ausheben. Hat der Garten lehmigen Boden, so wird diese Mulde mit Sand gefüllt, der als Dränage dient. Liegt der Garten auf sandigem Grund, dann schaufelt der Gärtner eine Schicht humoses Erdreich in die flache Grube. Diese Füllung dient dazu, das abfließende Sickerwasser zu speichern. Anderenfalls würde es im sandigen Grund rasch wegrinnen.
Diese »Fundamente« bilden die dauer-

Wertvoller Küchenabfall für Kompost.

Diese Abfälle gehören in den Mülleimer!

hafte Grundlage des Kompostes. Darüber wird das Abfallmaterial immer wieder neu aufgeschichtet.

Alle organischen Substanzen aus dem Garten können für den Kompost verwertet werden: welke Blumen, Staudenstengel, Kartoffellaub, Erbsenstroh, alle anderen Abfälle von den Gemüsebeeten, Laub, Gras, Hecken- und Obstbaumschnitt.

Nicht geeignet sind Pflanzenteile, die durch gefährliche Pilzerkrankungen, wie zum Beispiel Kohlhernie oder Himbeerrutenkrankheit, verseucht sind. Solche Abfälle sollten Sie unbedingt vernichten.

Auch Glasscherben, Metallteile und Plastik haben nichts auf einem gepflegten Kompostplatz zu suchen. In der Küche sollte ein guter Bio-Gärtner deshalb immer 2 Abfallbehälter aufstellen. Im »Garteneimer« sammelt er alle organischen Reste aus dem Haushalt: Kaffeesatz, Teeblätter, welke Vasenblumen, Abfälle von Gemüse und Obst, Hundehaare und Staubsaugertüten.

Mit dem Spaten oder der Gartenschere können Sie Gartenabfälle zerkleinern.

Ein Schredder verwandelt sperrige Abfallberge rasch in »vorgekautes« Kompostmaterial.

Alle diese unterschiedlichen Substanzen müssen zunächst auf dem Kompostplatz gesammelt und zerkleinert werden. Zweige und Blumenstengel kann der Gärtner mit einer Rosenschere oder mit einem scharfen Messer in handbreite Stücke schneiden. Küchenabfall und Reste vom Gemüsebeet lassen sich auch mit einem Spaten zerkleinern.
Praktischer und schneller arbeiten die zahlreichen Schredder und Häcksler, die für Kleingärtner auf dem Markt angeboten werden. Es lohnt sich aber, einen sorgfältigen Qualitäts- und Leistungsvergleich vor dem Kauf anzustellen. Denn viele Mitläufer der Bio-Welle versuchen inzwischen leider, mit minderwertigen Produkten schnelle Geschäfte zu machen.
Gute Schredder oder Häcksler bieten dem Gärtner aber manchen Vorteil an: Große sperrige Berge von Kompostmaterial schrumpfen rasch zusammen, nachdem sie durch die scharfen Messer gelaufen sind. Vor allem holziger Abfall, der für die Rotte so wertvoll ist, kann ohne Mühe verwertet werden.
Je kleiner das Material auf den Kompost gelangt, desto rascher kann es zersetzt werden, desto eher gelangt der Bio-Gärtner in den Besitz des wertvollen Kompostes.
Nachdem genügend Abfall per Hand oder mit einer Maschine zerkleinert worden ist, mischt der Gärtner die unterschiedlichen Substanzen gründlich untereinander: holziges und weiches Material, feuchte Blätter und trockene Stengel. Je ausgewogener diese Mischung ausfällt, desto harmonischer verläuft die Rotte.
Wo zu viel nasses, weiches Material aufeinanderliegt, da entsteht leicht Sauerstoffmangel und Fäulnis. Wo

Wichtig für eine harmonische Rotte: Feuchte und trockene Substanzen gut vermischen!

sich zu viele holzige Abfälle aufhäufen, da bleibt der Kompost trocken und steril.
Schichten Sie immer eine größere Menge gleichzeitig auf – mindestens einen halben Meter hoch. Flache Schichten erwärmen sich nicht. Die erste Phase der Rotte aber muß schnell und hitzig ablaufen.
Die unzähligen Bodenlebewesen, die die Abfälle des Gartens in Erde verwandeln, brauchen für diese Arbeit genügend Sauerstoff, Feuchtigkeit, Wärme und »Schwerarbeiternahrung« in Form von Stickstoff. In frischen, grünen Abfällen ist meist eine gute Portion Stickstoff enthalten. Die Zusammensetzung des Kompostmaterials wechselt aber immer wieder. Deshalb sollte der Bio-Gärtner vorsichtshalber ein wenig organischen Dünger unter die Abfälle mischen. Mit dieser Zusammensetzung hält er seine unsichtbaren Arbeiter »auf Trab«. Wo zu wenig Stickstoff vorhan-

den ist, da verlangsamt sich auch das Tempo der Rotte.
Ein Bio-Gärtner sollte sich von Anfang an diese wichtigen Regeln für eine harmonische Kompostierung merken:
Luft muß immer reichlich zwischen dem Kompostmaterial zirkulieren können. Sie ist lebensnotwendig für die Tiere und Mikroben, die »unter Tage« arbeiten. Aus diesem Grunde muß das Material immer locker gemischt und luftig aufgesetzt werden.
Feuchtigkeit gehört gleichfalls zu den Lebenselementen der Bodentiere und Mikroben. Sie muß aber ausgewogen verteilt sein. Stauende Nässe erzeugt Fäulnis. Bei zu wenig Feuchtigkeit wandern wichtige Bodenlebewesen aus. Deshalb muß der Bio-Gärtner bei heißem Wetter seinen Kompost begießen. In langen Regenwochen sollte er ihn dagegen vor der Nässe durch eine Abdeckung schützen.
Wärme beschleunigt die Rotte; durch temperierte Luft dringt sie von außen ein. Sie wird aber auch im Inneren des Haufens bei der Zersetzung erzeugt. Ein geschützter Standort und ein Außenmantel aus Gras, Stroh oder Laub helfen, die Wärme im Haufen zu bewahren.

Wenn ein Bio-Gärtner diese wichtigen Grundregeln einhält, dann bekommt er die »Kunst des Kompostierens« bald in den Griff – und ins Gefühl!
Er muß mit Verstand und Herz daran arbeiten. Er muß beobachten und im richtigen Augenblick handeln. Der Kompost ist ein lebendiger, atmender Organismus. Wenn der Bio-Gärtner bedenkt, daß hier der braune Stoff entsteht, von dem wir alle leben, dann ist der Kompost diese Zuwendung sicher wert.

Die Miete

Die Form einer »klassischen« Kompostmiete, wie sie sich seit unzähligen Generationen bewährt hat, ist langgestreckt. Der fertige Haufen ähnelt einem niedrigen Erdzelt. Die Grundfläche sollte 1,50–2,00 m breit sein. Die Länge richtet sich nach Ihren Gartenverhältnissen. Höher als 1,50 m sollte sich die frisch aufgesetzte Miete nicht auftürmen.
Diese Maße haben sich in der Praxis bewährt. So läßt sich das Kompostmaterial leicht handhaben. Wer hohe Berge aufschichtet, der muß damit rechnen, daß der Druck des Materials im unteren Bereich zu Verdichtungen und Sauerstoffmangel führt.
Meist reicht der organische Abfall, der sich langsam ansammelt, nicht für eine ganze Miete. Beginnen Sie deshalb auf einer Grundfläche von 1 oder 2 m^2, damit Sie immer genügend hoch aufsetzen können. Später wird dann seitlich nach dem gleichen Prinzip immer wieder angebaut.
Die unterste Schicht sollte möglichst aus trockenem, grobem Material, zum Beispiel aus Baumschnitt bestehen. Diese Lage dient der Lüftung und dem Wasserabzug. Anschließend häufen Sie etwa 20 cm hoch gemischte Abfälle auf. Dann streuen Sie, je nach Bedarf, einige Mittel dazwischen, die den Ablauf der Rotte günstig beeinflussen:
Kalk wird dünn wie Puderzucker verwendet. Besonders empfehlenswert ist Algenkalk oder Azet-Kalk mit Bodenbakterien.
Organischer Dünger regt die Bodenlebewesen zu intensiver Tätigkeit an. Geeignet sind alle Düngemittel, die Stickstoff enthalten, zum Beispiel Hornmehl, Blutmehl, getrockneter

Aufbau einer Miete: vorn Untergrund aus grobem Material; hinten erste Lage mit Erde, Steinmehl oder Kompoststarter bestreut.

Die fertige Miete ist mit einem Mantel aus Stroh zugedeckt. Geeignet dafür sind auch Laub, Gras oder alte Säcke.

Rindermist oder Guano. Sie können auch stickstoffhaltige Brennesseljauche über die Abfälle gießen.

Tonmehl kann ebenfalls dünn zwischen die Lagen gestreut werden. Dieses quellfähige Naturprodukt bindet überschüssige Feuchtigkeit und hält den wertvollen Stickstoff fest, der während der Zersetzungsprozesse von den Bodenlebewesen erzeugt wird. In unsachgemäß aufgesetzten Komposthaufen geht dieser wertvolle Pflanzennährstoff oft ungenützt »in die Luft«.

Erde, die humusreich und etwas lehmhaltig ist, dient dem gleichen guten Zweck wie das käufliche Tonmehl. Streuen Sie einfach ein paar Schaufeln voll guter Gartenerde zwischen die einzelnen Kompostlagen. Etwas Humus ist eigentlich immer im Kompost vorhanden; er wird zum Beispiel durch die Erdreste an den Wurzeln der Pflanzen mitgebracht.

Kompoststarter können Sie im Handel kaufen. Sie sind recht unterschiedlich zusammengesetzt. Unter anderem enthalten sie Tonmehl, Stickstoff, Kräuterauszüge, Zwiebelextrakte und Bodenbakterien in trockener Form. Diese Mittel wirken anregend auf das Bodenleben und beschleunigen deshalb die Rotte. Für Bio-Anfänger sind solche Präparate durchaus empfehlenswert, weil sie die Kompostierung günstig beeinflussen und dadurch den Erfolg sichern helfen.

Fertiger Kompost ersetzt viele andere Zusatzmittel. Er wimmelt von natürlichem Bodenleben, das die gemischten Abfälle rasch »erobert«. Komposterde enthält außerdem Nährstoffe und ist in der Lage, Feuchtigkeit zu binden. Fortgeschrittene Bio-Gärtner, die stets fertigen Kompost vorrätig haben, verwenden also am besten für den neuen Haufen dieses »Anregungsmittel« aus eigener Herstellung. Es ist billig und von bester Natur-Qualität.

Nachdem Sie die erste Lage aufgebaut und mit den ausgewählten Zusatzstoffen überstreut haben, schichten Sie nun eine »Etage« nach der an-

Solche Nachbarn haben Seltenheitswert: Der Bauer bringt Mist aus dem Kuhstall.

deren nach dem gleichen Prinzip auf. Nach oben soll der Haufen etwas schmaler werden; die Wände erhalten eine schräge Neigung. So entsteht ein zeltähnlicher Aufbau.

Zum Schluß erhält die Kompostmiete einen schützenden Mantel aus locker aufgelegtem, organischem Material, zum Beispiel aus Stroh, Grasschnitt oder Laub. Sie können aber auch alte Jutesäcke oder Schilfmatten verwenden. Diese Abdeckung hält den Kompost warm und feucht. Sie schützt ihn aber auch vor prasselnden Regengüssen. Nur wenn es wochenlang gießt, sollten Sie zeitweise eine Plastikfolie über die Miete legen, damit sie nicht zu naß wird und fault.

Zum Schluß noch ein Tip: Entfernen Sie das Unkraut dort, wo es nötig ist, bevor es Samen ansetzt. Konnte dies nicht rechtzeitig geschehen, dann sammeln Sie diese Pflanzen gesondert und stecken sie in die Mitte einer frisch aufgebauten Miete. Auch kranke Blätter und Früchte werden an dieser Stelle »eingelagert«. Nur schwere Pilzerkrankungen, wie zum Beispiel die Kohlhernie, sollten vorsichtshalber aussortiert werden. Im Zentrum der Miete entwickelt sich die größte Hitze. Dadurch werden Krankheitserreger und die Keimfähigkeit der Samen abgetötet. Voraussetzung dafür ist allerdings ein harmonischer Ab-

Mist wird gesondert kompostiert und nur mit Erde oder Tonmehl bestreut.

Die fertige Mist-Miete wird mit Erde abgedeckt. Verwenden Sie keinen Kalk!

lauf der Rotte mit Temperaturen von mindestens 50–70 °C.
Kleine, locker aufgebaute Kompostmieten braucht der Bio-Gärtner überhaupt nicht mehr umzusetzen. Nach etwa 9 Monaten ist das Material vererdet. Größere Haufen sollten einmal umgeschaufelt werden, so daß das oberste zu unterst gekehrt wird und umgedreht. So gelangt wieder Luft in die Masse und die Rotte setzt sich rascher fort.
Komposthaufen, die aus irgendeinem Grund fehlerhaft aufgesetzt wurden, müssen auf jeden Fall auseinandergenommen und neu aufgeschichtet werden. Nasse, faulige Substanzen lassen Sie am besten ein paar Tage an der Luft liegen, so daß sie abtrocknen können. Erst dann werden sie wieder mit dem übrigen Kompostmaterial vermischt.
Setzen Sie Ihren Kompost immer wieder auf der gleichen Stelle auf. Die Reste des alten Haufens am Boden bilden dann eine »positive Infektionsquelle«, die sich rasch auf die neuen Abfälle überträgt.

Kompost in Silos

Behälter, in denen das Kompostmaterial aufgeschichtet wird, sind praktisch und ordentlich. Vor allem für kleine Gärten bieten sie eine gute Möglichkeit, den wertvollen Humus auf engstem Raum herzustellen.
Ein handwerklich geschickter Bio-Gärtner kann einen solchen Behälter aus Holzbohlen oder Drahtgittern selber bauen. Im Handel werden zahlreiche, brauchbare Modelle aus unterschiedlichem Material angeboten. Darunter gibt es zum Beispiel geschlossene Komposttonnen und

Geschlossene oder offene Silos ermöglichen eine saubere Abfall-Verwertung.

einen Thermo-Komposter, der die Wärme besonders gut hält, weil er innen mit Styropor verkleidet ist.
Das Kompostmaterial wird in einem Silo oder in einem geschlossenen Behälter genauso sorgfältig aufgeschichtet wie in der offenen Miete.
Viele Modelle besitzen im unteren Bereich eine Öffnung, durch die die fertige Erde herausgeschaufelt wird. Oben kann man dann weiter nachfüllen.

Kompost im Sack

Spezialsäcke aus Plastikmaterial, die mit Luftlöchern versehen sind, bieten die Möglichkeit, auch im kleinsten Garten den organischen Abfall in den Kreislauf der Natur zurückzuführen. Für diese eng begrenzten Behälter muß das Material aber unbedingt so weit wie möglich zerkleinert und sorgfältig gemischt werden.

Der Kompost

Kompost auf kleinstem Raum:
In Spezialsäcken entsteht aus gut zerkleinertem Abfall oder aus Gras und Sägespänen neue Erde.

Da kein Kontakt zur lebendigen Erde besteht, muß der Bio-Gärtner selbst für das Bodenleben sorgen. Im Handel gibt es zu diesen Säcken deshalb Kompoststarter mit Bodenbakterien in trockener Form zu kaufen. Auch die Feuchtigkeit muß mit der Gießkanne sehr sorgfältig dosiert werden. Schütteln Sie die Säcke öfter durch, damit im Inneren wieder Luft zwischen die verrottenden Substanzen gelangt.
Die fertig gefüllten Säcke werden dann einfach im Schatten unter einem Strauch gelagert, bis der Kompost reif ist. Bei richtiger Behandlung kann dieser Zeitpunkt schon nach wenigen Monaten erreicht sein.

Rasenschnitt-Kompost

Frisch geschnittenes, saftiges Gras ist ausgesprochen problematisch. Viele Gärtner haben damit übelriechende Erfahrungen gemacht. Die grünen Halme enthalten reichlich Feuchtigkeit und bilden rasch undurchlässige triefnasse Schichten, die sofort in Fäulnis übergehen.
Um dem Übel abzuhelfen und dennoch das oft reichlich anfallende organische Material sinnvoll zu verwenden, muß ein geschickter Bio-Gärtner zum nächsten Extrem greifen: Mischen Sie reichlich trockenes Material unter das frische Gras. Dazu eignen sich kleingehäckselter Gehölzschnitt ebenso wie Sägespäne.
Beide Substanzen müssen gründlich vermischt werden. Außerdem streuen Sie noch einen Kompoststarter und etwas Tonmehl unter das Gemisch. Dann wird es in die Kompostersäcke gefüllt, unter Sträuchern oder in einer halbschattigen Ecke gelagert und öfter kräftig durchgeschüttelt. Diese

Spezialmischung verrottet sehr rasch. Bei günstiger Witterung kann der Bio-Gärtner schon nach etwa 6 Wochen groben Mulchkompost aus dem Sack entnehmen und im Garten verteilen.

Flächenkompostierung

Dies ist die einfachste Form der Umsetzung organischer Substanzen in Erde. Dafür ist weder ein Kompostplatz noch ein Behälter nötig. Zerkleinerter Abfall oder auch das reichlich angesammelte Herbstlaub werden über freie Beete oder Baumscheiben ausgebreitet. Die Schicht soll locker und nicht zu hoch sein.
Im Herbst kann der Bio-Gärtner noch etwas Dünger, Kompoststarter oder halbreifen Mulchkompost darüber streuen. Dann wird alles leicht eingeharkt, so daß eine Kontaktzone zur Erde entsteht. Den Rest besorgen die Bodenlebewesen, die rasch über diesen gedeckten Tisch herfallen. Sie zersetzen die organischen Substanzen und wandeln sie an Ort und Stelle in nährstoffreichen Humus um. Die Flächenkompostierung ist im Grunde eine Variante des Mulchens. Sie eignet sich besonders für Baumscheiben, abgeerntete Gemüsebeete und den freien Boden unter Sträuchern.

Schlagkräftige Helfer: Schredder und Häcksler

Die speziell für private Hausgärten entwickelten Maschinen werden meist in den Preislagen von Rasenmähern verkauft. Die Anschaffung lohnt sich für große Gärten, wo umfangreiche Abfallmengen rasch verarbeitet werden können.

Aus einer Laubdecke entsteht auf abgeernteten Beeten Kompost »vor Ort«. Mit Grobkompost werden die leichten Blätter beschwert.

Abfall, der vom Schredder zerkleinert wurde, verrottet schnell und harmonisch.

Fertiger Kompost wird auf den Beeten ausgebreitet und nur oberflächlich eingeharkt.

Aber auch in kleinen Gärten bewähren sich solche schlagkräftigen Helfer. Sie bringen die hohe Anfangsinvestition wieder herein, weil durch das fein zerkleinerte Material die Rotte stark beschleunigt wird. Der Bio-Gärtner kommt also schneller und öfter zu seinem besten Bodenverbesserer, dem Kompost. Dadurch kann er andere Mittel sparen.

So wird der fertige Kompost verwertet

Ganz gleich, für welche Kompostierungsmethode sich der Bio-Gärtner entschieden hat, irgendwann ist der duftende, braune Humus zum ersten Mal fertig. Dann wird er in eine Schubkarre geladen und dorthin gefahren, wo er gerade benötigt wird.
Bereiten Sie die Fläche vorher sorgfältig vor. Der Boden wird von Unkraut befreit und gelockert. Die Erde sollte immer feucht sein, wenn Sie Kompost verteilen. Am besten geschieht dies an einem trüben Tag, damit der kostbare Humus nicht austrocknet.
Verteilen Sie den Kompost etwa 2 Finder dick auf der Fläche und harken Sie ihn nun ganz wenig ein. Niemals darf diese lebendige Erde »vergraben« werden!
Zum Schluß breiten Sie eine Mulchdecke aus Laub, Gras oder zerkleinerten Abfällen über den Kompost aus. So bleibt er feucht, warm und lebendig. Diese luftige Hülle soll vor allem über Winter ihre Dienste tun. Bis zum Frühling ist sie selbst größtenteils wieder zu Erde geworden. Erst beim Säen und Pflanzen zieht der Bio-Gärtner die Reste der Mulchdecke beiseite. Darunter findet er lockeren Humus als ideale Beetgrundlage.

Mulchen bedeutet: Den Boden zudekken. Dies ist eine der wichtigsten Maßnahmen im naturgemäßen Garten. Laub-, Stroh- und Grasdecken sind geradezu ein Erkennungsmerkmal des Bio-Gartens.
Für viele Gärtner bedeutet dies eine schmerzliche Abwendung von lieben Gewohnheiten. Wer bislang stolz war auf einen »ordentlichen« Garten, wer sich an glattgeharkten, braunen Beeten im Herbst freute, der muß nun gründlich umdenken. Aber nach dem ersten inneren Ruck ist das gar nicht mehr so schwierig. Die meisten Menschen bewundern die bunte Blätterdecke im Wald, wenn sie bei einem herbstlichen Spaziergang durch das raschelnde Laub wandern. Ist es nicht ebenso schön, wenn im eigenen Garten die Blätter unter den Sträuchern über Winter liegenbleiben? Die Welt ist genau so, wie wir sie sehen wollen. Schauen wir wohlwollend, leuchtet sie heiter zurück. Blicken wir argwöhnisch, so erscheint uns auch das Bild der Umwelt getrübt. Ein Bio-Gärtner muß also nur seine Sehgewohnheiten ein wenig ändern, dann entdeckt er bald, daß auch gemulchte Beete ein freundlicher Anblick sein können.

Nackte Erde ist unnatürlich

Die Natur gibt sich niemals freiwillig eine Blöße. Wo immer die nackte Erde durch Naturgewalten, Tiere oder Menschen freigelegt wird, da bemüht sie sich, schleunigst wieder ein grünes Tuch überzuziehen. Schon bald sprießen an solchen Stellen Gräser und Kräuter. Nach kurzer Zeit ist von der braunen Haut der Erde nichts mehr zu sehen. Sie ist wieder verborgen und zugleich wohl geborgen.

Wildpflanzen decken Baustellen zu.

Dieser Vorgang hat weder mit Prüderie noch mit Schönheitssinn etwas zu tun: Es ist die in Jahrmillionen erprobte praktische Kunst des Überlebens. Die Humusschicht ist empfindlich und verletzlich. Unzählige Pflanzenwurzeln durchziehen sie wie ein unterirdisches Netz. Sie halten die kostbaren Krümel fest zwischen ihren Fasern und Strängen. Das grüne Blätterdach der Pflanzen schützt das Erdreich vor Wind und Sonne, die die lebenswichtige Feuchtigkeit bedrohen. Auch die dicke Blätterdecke auf dem Waldboden wirkt an dieser Aufgabe mit.
Wenn irgendwo auf der Erde durch menschliche Eingriffe oder Naturgewalten die Humusschicht offen und schutzlos unter dem Himmel liegenbleibt, dann ist ihr Schicksal besiegelt. Regengüsse schwemmen die Erde fort. Sonne trocknet sie aus. Der Wind weht den Staub kilometerweit weg. Zum Schluß bleiben nackte Felsen oder dürre Wüstensteppen übrig. Die

Chance einer natürlichen Regenerierung ist unweigerlich vertan.
Schon manche ehemals fruchtbare Landschaft wandelte sich so durch Raubbau oder durch andere Katastrophen in eine lebensfeindliche Ödnis. An solche Bilder sollte ein Bio-Gärtner denken, wenn es ihm schwerfällt, sich von seinen blankgeputzten Beeten zu trennen. Nackte Erde ist immer unnatürlich und auf die Dauer gefährlich.

Das Material für warme Decken

Auch die Gartenerde trocknet rasch aus, wenn sie ungeschützt den Strahlen der Sonne und der Gewalt der Winde ausgesetzt ist. Für leichte Sandböden besteht dann die Gefahr, daß ein Teil der Oberfläche weggeweht wird. Schwere Lehmböden bakken in heißen Sommerwochen hart wie Ziegelsteine zusammen. Heftige Regengüsse zerschlagen in Minutenschnelle die feine Krümelstruktur des Humus. Die geduldige Arbeit des Gärtners und unzähliger Bodentiere ist dann wieder zerstört.
All dies kann ein Bio-Gärtner verhindern, wenn er überall in seinem Garten die offene Erde nach dem Vorbild der Natur zudeckt. Damit schützt er nicht nur den kostbaren Humus, sondern auch Milliarden nützlicher Bodenlebewesen. Sie alle brauchen ja für ihre Tätigkeit Feuchtigkeit und Wärme.
Das Material für die lebenswichtigen, warmen Decken findet sich meist im Garten. Der Bio-Gärtner kann dafür Grasschnitt, Laub oder einfach zerkleinertes Unkraut verwenden. Für manche Kulturen eignet sich auch

Laubmulch eignet sich gut für Erdbeeren.

Überall zur Hand: Gras als Bodendecke.

Stroh. Spezialmulch liefern Rindenabfälle und Sägespäne.
Mulchdecken werden auf abgeernteten Gemüsebeeten, auf Baumscheiben, unter Beerensträuchern, zwischen Stauden und unter Ziersträuchern ausgebreitet. Das organische Material soll eine lockere, luftige Abdeckung bilden. Es ist besser, dünne Schichten – höchstens handhoch – auszulegen, als dicke Abfallberge anzuhäufen. Unter zu dichten Decken entstehen leicht sauerstoffarme Zonen und Fäulnis. Außerdem bilden sich nasse, dunkle Ecken, die die Schnecken anziehen. Diese gefräßigen Tiere sitzen dann mitten in den Kulturen und richten große Schäden an.
Ein kluger Bio-Gärtner breitet also lieber öfter neues Mulchmaterial aus und nutzt dabei alle Vorteile einer natürlichen Bodendecke:

- Die Erde unter der Abdeckung bleibt warm und feucht.
- Das Bodenleben ist wohlgenährt und produktiv.
- Der Boden wird weder von Regen verschlämmt noch von Hitze verhärtet. Er bleibt locker und krümelig.
- Unkraut dringt kaum noch durch die Decke und kann leicht gejätet werden.
- Die Pflanzen wachsen gesund und gleichmäßig unter den ausgewogenen Bedingungen auf gemulchten Beeten.
- Der Gärtner braucht viel weniger zu gießen, zu hacken und zu jäten.
- Fruchtbarer Humus wächst von selbst nach, weil das Mulchmaterial ständig in Erde umgesetzt wird.

Holziger Abfall zersetzt sich langsam.

Lebendige Teppiche

Nicht an allen Stellen des Gartens ist es möglich, Mulchmaterial auszubreiten. Vor allem im Ziergarten kann es bei aller Einsicht in ökologische Zusammenhänge störend wirken. An solchen Stellen sollte der Bio-Gärtner dem Beispiel der Natur folgen und den Boden mit niedrigen Stauden und Gräsern zuwachsen lassen. Diese dauerhaften Pflanzen werden auch unter Gärtnern »Bodendecker« genannt.
Zwischen Rosen, Ziersträuchern und Wildstauden wirken solche lebendigen Teppichknüpfer wunderschön. Sie wachsen bald dicht zusammen und schützen dann die Erde ähnlich wie eine Mulchschicht oder wie die Pflanzendecken in der freien Natur.

Mulchen

In guten Staudengärtnereien und Baumschulen wird eine große Auswahl solcher Pflanzen angeboten. Es gibt Teppich-Stauden für sonnige und für schattige Plätze. Darauf sollten Sie bei der Auswahl achten, denn gesundes Wachstum ist auch vom richtigen Standort abhängig.

Für den Nutzgarten gibt es gleichfalls einige Pflanzen, die eine Zeitlang eine lebendige Bodendecke bilden. Dazu gehört zum Beispiel die Senfsaat, die so rasch wie Kresse keimt. Sie bildet auf abgeernteten Beeten in wenigen Tagen eine dichte, grüne Decke. Die zahllosen feinen Wurzeln der Senfpflanzen lockern den Boden. Die Blätter werden entweder nach einiger Zeit abgemäht oder sie frieren im Herbst von selbst ab. Die Reste bleiben dann über Winter als Mulchdecke liegen. Auch unter den Leguminosen oder Schmetterlingsblütlern gibt es einige Arten, die sich zur Aussaat im Garten eignen. Mit diesen nützlichen Pflanzen kann der Bio-Gärtner gleichfalls eine Zeitlang ein Beet zudecken. Dazu eignen sich verschiedene Kleearten und Lupinen. Diese Pflanzen dienen aber nicht nur als lebendiger Mulchteppich, sie düngen und regenerieren auch den Boden. Mehr darüber können Sie im Abschnitt »Gründüngung«, Seite 46, lesen.

Eine dauerhafte Bodendecke knüpfen niedrige Stauden, wie Knöterich und Pfennigkraut.

Umgraben? Nein, danke!

Der Spätherbst ist in zahlreichen Gärten die Zeit des Spatens und der Rükkenschmerzen. In groben, braunen Schollen soll die Erde überwintern. Das ist so Tradition seit Urgroßvaters Zeiten.

Ein Bio-Gärtner sollte sich stattdessen lieber eine Stunde auf seine Bank setzen. Während die letzten Strahlen der Herbstsonne seinen ausgeruhten Rücken wärmen, denkt er nach:

Er hat inzwischen gelernt, daß die Humusschicht aus zwei sorgfältig aufgebauten »Etagen« besteht. Während eines ganzen Gartenjahres hat er sich bemüht, diese komplizierte aber wohlgeordnete Welt zu schützen und zu nähren. Und nun soll er mit einem scharfen Eisenblatt in dieses wimmelnde Leben hineinstechen und die unterirdische Welt Stück für Stück an die Luft befördern?

Je mehr der Bio-Gärtner auf seiner Bank nachdenkt, desto unlogischer erscheint ihm dieses Unternehmen. Die Bodenschichtung wird mit jedem Spatenstich auf den Kopf gestellt. Die sauerstoffliebenden Mikroorganismen der oberen Zone landen dabei in der luftarmen Tiefe. Die Lebewesen der unteren Humusschicht finden sich dagegen plötzlich unter freiem Himmel wieder. Wozu soll das gut sein? Die mühsam aufgebaute Ordnung gerät aus allen Fugen. Es wird lange dauern, bis die Milliarden »Bodenheinzelmännchen« sich wieder zurechtfinden und den alten, sinnvollen Zustand wieder herstellen.

»Das Wichtigste ist die Frostgare«, werden alte Gartenhasen dem hoffnungsvollen Bio-Gärtner nun entgegenhalten. »Vor allem schwere Böden müssen im Winter durchfrieren, damit sie im Frühling leicht und krümelig auseinanderfallen.«

Hier wird nach alter Art umgegraben.

Ein aufmerksamer Naturbeobachter kann dieses Argument spätestens beim ersten starken Frühlingsregen entkräften. Die mürben, durchgefrorenen Schollen werden dann von den harten Tropfen in kurzer Zeit wieder zusammengeschlagen. Der Boden verschlämmt und wird am nächsten Sonnentag wieder fest zusammengebacken.

Wozu war dann das herbstliche Chaos gut? Für das Bodenleben sicher nicht. Und für die Krümelbildung bildet es nur einen kurzfristigen Scheinerfolg.

Bodenpflege ohne Spaten

Die nachdenkliche Mußestunde auf der Bank hat dem Bio-Gärtner mehr eingebracht als mühsame Erdbewegungen. Von nun an ist er sich darüber im klaren: Umgraben? Nein danke! Er benutzt den Kopf und schont den Rücken. Im übrigen läßt er graben – von denen, die wirklich et-

Sauzahn oder Grabgabel lockern die Erde.

was davon verstehen: von den Regenwürmern.
Nach dieser »Grundsatzentscheidung« werden natürlich auch in einem gepflegten biologischen Garten die nötigen Vorbereitungen für den Winter getroffen. Alle freien Flächen im Nutz- und Ziergarten müssen gelokkert werden, damit die Erde luft- und wasserdurchlässig bleibt. Für diese Arbeit benutzt der Bio-Gärtner zum Beispiel eine Grabgabel. Die kräftigen Zinken sticht er in den Boden und bewegt das Werkzeug mehrmals ruckartig hin und her. So wird ein Stück nach dem anderen bearbeitet. Die Erde ist dann wieder locker, ohne daß die Schichten umgewendet wurden. Besonders bewährt hat sich für die Bodenbearbeitung der »Sauzahn«, der auch als »Azet-Wühler« im Handel angeboten wird. Dieses Gerät wurde speziell für den biologischen Garten entwickelt. Es besteht aus einem sichelförmigen Zinken, der leicht durch die Erde gezogen werden kann. Auch der Sauzahn lockert den Boden, ohne die Schichten zu zerstören.

Anschließend verteilt der Bio-Gärtner überall dort, wo es ihm für die Fruchtfolge nötig erscheint, organischen Dünger. Zum Schluß werden alle Beete mit Kompost versorgt und mit einer warmen Mulchdecke überzogen. Noch lange arbeiten die Bodentiere im Schutz der warmen Hüllen für den Bio-Gärtner weiter. Sie vermehren seinen Humus und sorgen für mürben Boden – besser als jeder Spaten – dauerhafter als der stärkste Frost. Auch die Frühlingsregen können dieser lockeren Humusstruktur nichts anhaben. Auf der weichen Mulchschicht werden die harten Tropfen abgefedert. Sanft gebremst rinnen sie dann als wohltuendes Naß in die Erde. Der Bio-Gärtner kann in der Zwischenzeit beruhigt eine kreative Winterpause einlegen. Sein Rücken benötigt keine Kur, und sein Garten ist bestens versorgt.

Der Regenwurm arbeitet mit

Die ruhigen Winterwochen sollte ein Bio-Gärtner auch einmal dazu benutzen, sein Wissen von der Natur zu vertiefen. Vor allem der Regenwurm ist eine nähere Betrachtung wert. Im nächsten Frühling wird der Gärtner diesen unscheinbaren aber unersetzlichen Mitarbeiter dann um so mehr zu schätzen wissen.
Die großen graubraunen Ackerregenwürmer *(Lumbricus terrestris)* sind der lebendige Spaten des Bio-Gärtners. Sie dringen metertief in den Boden ein. Das Röhrensystem ihrer Gänge schafft überall Hohlräume, durch die sich Luft und Wasser in der Erde verteilen. Auch die Wurzeln der Pflanzen folgen gern diesen unterirdischen Regenwurmstraßen, die mit

feinstem Humus und Nährstoffen ausgelegt sind.
Im Komposthaufen machen sich dagegen die kleinen roten Mistwürmer *(Eisenia foetida)* nützlich. Sie lieben Feuchtigkeit, Wärme und reichlich organische Abfälle.
Alle Regenwürmer fressen ein Leben lang Erde und absterbende Pflanzenteile, wie Wurzelstückchen oder welke Blätter. Ihr langgestreckter Körper gleicht einem einzigen Darmkanal. Darin vermischen sich die organischen Substanzen mit mineralischen Bestandteilen der Erde und dem Verdauungssekret der Würmer. Am anderen Ende scheiden die unermüdlichen Bodenarbeiter kleine Humushäufchen aus, die hohe Nährstoff-Konzentrationen enthalten. In Regenwurm-Ausscheidungen fand man bei Untersuchungen im Durchschnitt siebenmal so viel Stickstoff, dreimal so viel Kali, zweimal so viel Phosphor und sechsmal so viel Magnesium wie in der Erde der Umgebung.
Regenwürmer sind also nicht nur hervorragende Bodenlockerer, sondern auch wertvolle Düngerlieferanten. In guten Böden sind diese nützlichen kleinen Helfer in großen Scharen zu Hause. Wer die Regenwürmer von 1 ha gutem Ackerboden einsammeln würde, der könnte feststellen, daß sie zusammen so viel wiegen wie eine Kuh. Diese wertvolle unterirdische »Herde« setzt in 1 Jahr die 70fache Menge des eigenen Gewichtes in nährstoffreichen Humus um!
Solche Zahlen machen deutlich, daß diese unscheinbaren Tiere im Laufe der Zeit große Leistungen vollbringen. Sie tragen viel zur Fruchtbarkeit des Bodens bei. Voraussetzung für diese kostenlosen Dienste sind allerdings gute Lebensbedingungen.

Die Mulchdecken, die in naturgemäßen Gärten überall ausgebreitet werden, bilden für Regenwürmer ein gefundenes Fressen. Die feuchtwarme Atmosphäre unter diesen organischen Abfällen behagt den Tieren sehr. Wenn ein Bio-Gärtner in der Dämmerung einmal die Blätter beiseite schiebt, kann er zahllose Würmer bei der Mahlzeit überraschen. Zum Dank für das gute Leben produzieren sie ein Leben lang hochwertigen Naturdünger.

Ein Experiment macht Regenwurmarbeit sichtbar: zwei Behälter wurden halb mit Erde, halb mit Sand gefüllt. Rechts wurden zusätzliche Würmer eingesetzt und mit organischem Abfall gefüttert. Ergebnis: vermischte, lockere Schichten und deutliche Humusvermehrung.

Düngen

Alle Pflanzen brauchen Nahrung, um wachsen zu können. In der Wildnis schließt sich der Kreislauf der Stoffe von allein. Die Gewächse des Gartens aber sind nicht mehr in der Lage, für sich selbst zu sorgen. Sie wurden vom Menschen seit Jahrhunderten »auf Überproduktion« gezüchtet. Unsere Kohlarten sind viel umfangreicher und blattreicher als ihr Urahn, der wilde Kohl an den Küsten des Atlantiks. Unsere Apfel- und Kirschbäume verwöhnen uns mit viel größeren Früchten, als sie das wilde Holzapfelbäumchen oder die Vogelkirsche je zustandebringen.
Für diese üppigen Ernten benötigen die Pflanzen auch reichhaltigere Ernährung. Sie sind auf die Fürsorge des Gärtners angewiesen, der immer wieder für Nachschub sorgt. Auch im biologischen Garten ist dauerhafte Fruchtbarkeit ohne vernünftige Nährstoffversorgung undenkbar.

Nahrung für Bodenlebewesen und Pflanzenwurzeln

Pflanzen entziehen dem Boden jedes Jahr einen Teil seiner Nährstoffe. Wenn im nächsten Frühling an der gleichen Stelle wieder gesunde, kräftige Gewächse gedeihen sollen, dann müssen die Vorräte wieder aufgefüllt werden. Im naturgemäßen Garten gibt der Gärtner die Nahrung aber nicht direkt an die Pflanzenwurzeln, sondern zunächst an den Boden.
Auch dem Garten-Anfänger ist ja inzwischen klar geworden, daß die unzähligen Lebewesen der Humusschicht in der Lage sind, ständig Nährstoffe zu produzieren. Diese »Naturprodukte« haben den Vorteil, daß sie portionsweise, nach Bedarf, von den Pflanzenwurzeln in Anspruch genommen werden können. In einem gepflegten Boden ist das Nährstoffangebot außerdem sehr harmonisch zusammengesetzt. Es besteht gewissermaßen aus einer gesunden Mischkost. Synthetische Salzdünger gelangen dagegen als leicht verfügbare Wasserlösungen direkt an die Wurzeln. Die Hauptgefahr dieser Ernährung besteht darin, daß die Pflanzen zu viel von dieser Wohlstandsbrühe aufnehmen und daß die Reste sehr rasch in den Untergrund gespült werden.
Organische Nahrung, die erst auf dem Umweg über das Bodenleben für die Pflanzen aufgeschlossen wird, bleibt dagegen »lagerfähig«. Humus und Mikroorganismen halten sie fest, bis sie wirklich gebraucht werden.
Die Grundnahrungsquelle des naturgemäßen Gartens ist natürlich der Kompost. Aber magere Böden und starkzehrende Pflanzen benötigen darüberhinaus noch zusätzliches »Kraftfutter«. Der Bio-Gärtner verwendet dafür sogenannte organische Dünger. Solche Mittel dienen zunächst den Bodenlebewesen als Nahrung. Diese setzen die brauchbaren Bestandteile dann in »pflanzengerechte» Substanzen um. Eine solche unterirdische Nahrungsproduktion »aus zweiter Hand« entwickelt sich langsam und kontinuierlich. So wird zu rasches, künstlich aufgetriebenes Wachstum vermieden.
Der Nahrungsbedarf der einzelnen Pflanzenarten ist sehr unterschiedlich. Das Nährstoffangebot der verschiedenen Dünger schwankt ebenfalls. Deshalb muß auch ein Bio-Gärtner sich ein wenig mit den wichtigsten Grundsätzen der Pflanzenernährung vertraut machen, und dazu gehört auch ein wenig Chemie!

Mist kann als lockere Bodendecke ausgebreitet werden; er verrottet über Winter.

Kohlenstoff, Sauerstoff und Wasserstoff gehören zu den Grundelementen, die sich die Pflanzen selbst aus der Luft und dem Boden »besorgen« können. Nachgefüllt werden müssen dagegen die »Grundnahrungsmittel« Stickstoff (N), Phosphor (P) und Kali (K). Nach den chemischen Bezeichnungen nennt man sie NPK-Dünger. Wichtig für die gesunde Ernährung der Pflanzen sind außerdem Spurenelemente und Kalk.
Wenn einer der Hauptnährstoffe dem Boden fehlt, leiden die Pflanzen unter Mangelerscheinungen. Dann müssen gezielt solche organischen Dünger verwendet werden, die den fehlenden Stoff in größeren Mengen enthalten. Wenn ein Garten über längere Zeit regelmäßig mit Kompost versorgt wird, dann treten solche einseitigen Mängel kaum auf. In neuen Gärten oder auf ungünstigen Böden können aber Kali-, Phosphor- oder Stickstoffarmut dem Gärtner zu schaffen machen. Genauere Auskunft über den Zustand seiner Erde kann er dann nur erhalten, wenn er eine Bodenprobe zu einer Analyse an eine Untersuchungs- und Forschungsanstalt einschickt. Solche staatlichen Institute gibt es in den meisten Bundesländern.

Dünger, der von Tieren stammt

Auch »natürliche« Dünger sollten nicht blindlings benutzt werden. Ein guter Bio-Gärtner sollte sich die Qualität und die Zusammensetzung der wichtigsten organischen Nährstofflieferanten einprägen, damit er sie auch gezielt verwenden kann.
Die Abfallprodukte der verschiedenen Haustiere gehören seit ältesten Zeiten zu den bewährten Naturdüngern. Es ist besser, sie nicht »roh«, sondern auf dem Umweg über den Kompost zu verwenden. Dann düngen sie milder und harmonischer.
Mistkompost sollte immer gesondert aufgesetzt werden. Dazu wird niemals Kalk verwendet. Dieser sonst wertvolle Zusatzstoff entbindet im Mistkompost den wertvollen Stickstoff, der dann als Ammoniak in die Luft entweicht. Setzen Sie Mist immer lagenweise mit reifer Erde oder Tonmehl auf.
Rindermist, frisch und strohhaltig, ist ein milder, ausgewogener Dünger, der alle wichtigen Nährstoffe enthält.
Getrockneter Rindermist ist ebenfalls empfehlenswert; er muß aber aus einwandfreier Tierhaltung stammen. Gute Qualität hat zum Beispiel »California Rinderdung«, der besonders reich an Kali ist. Dieser Nährstoff ist in den meisten organischen Düngern nur in geringen Mengen vorhanden.

Pferdemist ist ähnlich nährstoffreich wie Rinderdung, reagiert aber im Boden sehr hitzig. Dieser Mist eignet sich für wärmende Frühbeetpackungen. Als Dünger sollte er kompostiert werden.
Schweinemist enthält vor allem Kali und Stickstoff. Er gehört zu den kalten Mistarten.
Schaf-, Ziegen- und Kaninchenmist enthalten reichlich Stickstoff. Sie reagieren hitzig und können Verbrennungen an den Pflanzen verursachen. Es ist besser, diese Dünger zu kompostieren.
Geflügeldünger sind besonders reich an Phosphor. Sie bieten aber auch viel Kali und Stickstoff. Dieser Dünger kann von Hühnern, Tauben oder Seevögeln (Guano) stammen. Er reagiert sehr hitzig, setzt sich rascher als andere Dünger im Boden um und kann deshalb Verbrennungen und Geilwuchs verursachen. Diese Mistarten werden am besten als Jauche angesetzt und anschließend verdünnt.
Horn-Blut- und Knochenmehl sind ebenfalls tierische Düngerlieferanten. Sie stammen aus Schlachtabfällen. Als fertige Mischungen kann man sie im Handel kaufen. Auch hier ist es wichtig, auf Qualität zu achten. Ein empfehlenswertes Produkt ist zum Beispiel »Oscorna«. Diese Mischung ist garantiert ohne Ledermehl zusammengesetzt; sie ist deshalb frei von gefährlichen Schwermetallrückständen wie Chrom.
Horndünger enthalten vor allem Stickstoff und Phosphor; Knochenmehl ist besonders reich an Phosphor; Blutmehl hat einen besonders hohen Stickstoffgehalt. Alle drei zusammen ergeben einen »organischen Volldünger«, der seine Nährstoffe langsam über längere Zeit abgibt.

Pflanzenjauche

Auch aus Pflanzen lassen sich ausgezeichnete Dünger herstellen. Sie werden in Wasser angesetzt und vergoren. So entstehen natürliche Nährbrühen, die den meisten Gewächsen des Gartens gut bekommen. Ein großer Vorteil dieser hausgemachten Pflanzennahrung: Sie ist außerordentlich preiswert! Die meisten Zutaten bietet die Natur umsonst an.
Der Bio-Gärtner sollte vor allem die Brennessel-Jauche ausprobieren. Sie ist inzwischen zu einem bewährten Bestandteil der naturgemäßen Pflanzenpflege geworden.

Brennessel-Jauche

Für die Herstellung dieses Flüssigdüngers benötigen Sie ein größeres Gefäß, zum Beispiel eine Holztonne, einen alten Sauerkrauttopf aus Steingut oder ein Plastikfaß. Metallgefäße sind nicht geeignet! Füllen Sie reichlich frischgeschnittene Brennesseln in den Behälter. Geeignet sind beide Arten, die Große und die Kleine Brennessel *(Urtica dioica* und *Urtica urens)*, solange die Pflanzen noch keine Samen angesetzt haben.
Gießen Sie anschließend das Gefäß voll Wasser; wo es möglich ist, sollten Sie Regenwasser verwenden. Eine Handbreit bis zum Rand soll frei bleiben, da die Jauche während der Gärung hochschäumt.
Rühren Sie die Mischung einmal am Tag mit einem Stock kräftig um, damit Sauerstoff in den rasch beginnenden Zersetzungsprozeß gelangt. Anschließend legen Sie ein Draht- oder Plastikgitter über die Öffnung, damit keine Tiere in die Brühe fallen und ertrinken.
An einem sonnigen, warmen Standort

gärt das Grünzeug besonders rasch. Dabei entstehen aber auch unangenehme Gerüche, die die Nase Ihrer Nachbarn beleidigen könnten.
Streuen Sie deshalb ein paar Hände voll Steinmehl über die Flüssigkeit, oder rühren Sie einige Tropfen Baldrianblüten-Extrakt darunter. Beide Mittel binden den Jauche-»Duft«.
Nach etwa 2 Wochen klärt sich die Brühe. Dann ist die Gärung abgeschlossen und die Jauche gebrauchsfertig. Nun dürfen Sie auch einen Dekkel auflegen.
Im Garten wird die Brennessel-Jauche als Flüssigdünger, 1:10 mit Wasser verdünnt, direkt an die Wurzeln der Pflanzen gegossen. Sie eignet sich als Zusatznahrung für starkzehrende Gemüsearten, wie zum Beispiel Tomaten, Kohl, Sellerie, Gurken und Lauch. Bohnen, Erbsen und Zwiebeln sollen dagegen nicht mit Brennessel-Jauche gedüngt werden!
Einjährigen Sommerblumen, Stauden, Rosen, Beerensträuchern und Obstbäumen bekommt ein Guß Flüssigdüngung ausgezeichnet.
Schon nach wenigen Tagen kann ein aufmerksamer Bio-Gärtner sehen, wie gut seine Brennessel-Jauche wirkt: Die Pflanzen bekommen dunkelgrüne Blätter. Sie wachsen sichtbar, aber sie bleiben dabei gedrungen und kräftig. Dies liegt unter anderem am Stickstoffgehalt dieser Pflanzenbrühe. Brennesseln besitzen aber noch weitere gute Eigenschaften, die die gedüngten Pflanzen kräftiger und widerstandsfähiger machen. Diese Zusammenhänge sind noch nicht eindeutig erforscht, aber jeder Gärtner kann ihre positiven Auswirkungen im eigenen Garten erleben.
Die Brennessel-Jauche läßt sich noch mit anderen Heilpflanzen anreichern und abwandeln. So kann der Bio-Gärtner noch ein paar Hände voll Schachtelhalm, Beinwell, Schnittlauch oder Zwiebeln unter die Nesseln mischen. Auch eine Handvoll tierischer Dünger oder eine Schaufel voll reifem Kompost können die Nährbrühe abrunden. Je weiter der Bio-Gärtner in seinen Erfahrungen fortschreitet, desto mehr eigene Experimente kann er wagen. Solange er dabei auf den Spuren der Natur bleibt, wird sein Garten es ihm danken.

Verschiedene Pflanzen eignen sich für Jauche: Brennesseln, Wurmfarn und Beinwell sind hier zu sehen. Unten: fertige Jauche.

Lupinen sind Stickstoff-Sammler.

Gründüngung

Pflanzen düngen den Garten aber nicht nur auf dem Umweg über die Jauche, sondern auch direkt auf den Beeten. Vor allem die Leguminosen oder Schmetterlingsblütler eignen sich zur Bodenverbesserung an Ort und Stelle.
Die grünen Spezialisten »arbeiten« mit bestimmten Bakterien zusammen. An ihren Wurzeln bilden sich stickstoff-

Stickstoffknöllchen an Bohnenwurzeln.

haltige Knöllchen. Diese sogenannten Knöllchenbakterien dienen dem Wohlergehen der Pflanzen, die gewissermaßen ihre eigene Düngerfabrik besitzen; sie verbessern aber auch den Boden, in den ein Teil dieses Stickstoffs übergeht.
Solche wertvollen Gründüngungspflanzen sind zum Beispiel Klee, Wikken und Lupinen. Aber auch die Schmetterlingsblütler des Gemüsegartens gehören dazu: Erbsen, Bohnen und Sojabohnen. Der Gärtner sät diese Früchte auf Beete, deren Nährstoffgehalt zum Teil schon von anspruchsvollen Gewächsen aufgezehrt wurde. Die Leguminosen reichern die Erde dann wieder mit Stickstoff an.
Die anderen Gründüngungspflanzen werden zur Erholung der Erde auf abgeerntete Beete gesät. Ihre ausgedehnte Wurzelmasse sammelt Nährstoffe an. Das weit- und tiefverzweigte System sorgt aber auch gleichzeitig für eine Lockerung des Erdreichs. Auf festgefahrenen Baugrundstücken oder auf Brachland, das in einen Garten umgewandelt werden soll, leisten die Leguminosen wertvolle Pionierdienste.
Die üppige, oberirdische Blattmasse wird abgemäht. Sie dient als Mulch- oder Kompostmaterial. Die Wurzeln bleiben möglichst im Boden, wo sie nach der Zersetzung Nährstoffe und lockernde Hohlräume hinterlassen.
Bio-Gärtner können die verschiedenen Schmetterlingsblütler einzeln im Fachhandel kaufen. Es gibt aber auch fertige Mischungen in handlichen Größen. Die »Sperli-Bodenkur« ist zum Beispiel auf schwere und leichtere Böden abgestimmt. Stickstoffsammelnde Leguminosen enthält das »Rotenburger-Kombi-Gemenge« (Bezugsquellen finden Sie im Anhang.)

Mineraldünger aus der Natur

»Mineraldünger« ist für die meisten Bio-Gärtner ein Reizwort. Sie verstehen darunter ausschließlich synthetische Salze. Daß auch die Natur zu den großen Salz- und Minerallieferanten der Erde gehört, wird allzu oft vergessen.
Aufgeschlossene Bio-Gärtner sollten zumindest wissen, daß es auch natürliche Mineraldünger gibt, die in besonderen Fällen gezielt eingesetzt werden können, ohne daß der Gärtner dabei vom rechten Weg des naturgemäßen Anbaus abweicht.
Rohphosphat findet sich in alten Ablagerungen, die aus den Knochen und Zähnen urweltlicher Tiere entstanden. Heute wird dieses von der Natur selber chemisch umgewandelte Produkt abgebaut und in gemahlener Form verkauft. »Hyperphos« setzt sich langsam um und ist auch für biologische Gärten geeignet.
Thomasmehl ist ein Naturprodukt der Eisenverhüttung. Die vermahlene Schlacke enthält Phosphor, Mangan und Kalk. Die Wirkstoffe des Thomasmehls werden erst durch die Bodenorganismen aufgeschlossen.
Kalimagnesia wird im Bergbau gewonnen. Es entstand aus den Salzablagerungen urzeitlicher Meere. Wichtig für Bio-Gärtner ist es, ein möglichst salzarmes Kaliprodukt auszuwählen, mit dessen Hilfe bei akutem Kalimangel einmal gezielt und rasch gehandelt werden kann. Empfehlenswert ist zum Beispiel »Patentkali«.

Alle natürlichen Mineraldünger sollten nur dort eingesetzt werden, wo ein bestimmter Nährstoffmangel behoben werden soll. Nach jahrelanger, biologischer Bodenpflege sind solche Direktmaßnahmen meist nicht mehr nötig, weil das Nährstoffangebot des Bodens ausgewogen und ausreichend ist.

Gesteinsmehle

Außer den direkten Düngern gibt es noch Bodenverbesserungsmittel. Sie erhöhen die Qualität des Humus, ohne größere Nährstoffmengen anzureichern. Zu den wichtigsten naturgemäßen Mitteln dieser Art gehören die Steinmehle.
Dieser feine Felsenstaub entsteht als Abfallprodukt in Steinbrüchen und in der natursteinverarbeitenden Industrie. Die Zusammensetzung wechselt je nachdem, von welchem Gestein der mehlfeine Staub stammt. Urgesteinsmehl wird zum Beispiel aus Granit oder Basalt gewonnen. Kalkhaltig ist ein Steinmehl, das aus Kalksteinmagnesium entsteht. Allen Steinmehlen gemeinsam ist ein großer Reichtum an wichtigen Spurenelementen und Mineralstoffen.
Eine ganz besondere Eigenschaft be-

Steinmehl verbessert die Bodenqualität.

sitzen die Tonmehle (im Handel als »Bentonit« und »Montmorillonit«): Sie sind außerordentlich quellfähig und können große Mengen Wasser aufnehmen. Vor allem sandige Böden werden mit Hilfe von Tonmehlen verbessert.
Mit Stein- und Tonmehl kann ein Bio-Gärtner kaum Fehler machen. Diese Mittel tragen bei regelmäßiger Verwendung aber wesentlich zur Verbesserung der Bodenstruktur bei. Sie wirken – ganz einfach gesagt – wie eine Sparbüchse in der Erde. Wasser und Nährstoffe können besser gespeichert werden. Mit Hilfe der Mikroorganismen werden die lebenswichtigen Stoffe dann aufbereitet und langsam, nach Bedarf, an die Pflanzenwurzeln weitergegeben. Auch die wertvollen Huminstoffe nehmen zu, und die Krümelstruktur der Humusschicht bleibt beständig, wo ein Gärtner regelmäßig Steinmehl verwendet.
Ein Bio-Gärtner sollte aber auf jeden Fall die unterschiedliche Zusammensetzung der Steinmehle beachten. Kalkhaltige Produkte dürfen zum Beispiel nur dort verwendet werden, wo die Erde auch zusätzlichen Kalk benötigt.

Kalk

Kalk gehört ebenfalls zu den Bodenverbesserungsmitteln. Er darf aber nur gezielt eingesetzt werden. Deshalb sollte jeder Bio-Gärtner über die Eigenschaften dieses Natur-Minerals Bescheid wissen. Kalk schließt Nährstoffe auf und verbessert die Krümelstruktur des Bodens. Vor allem aber bindet er Säuren. Saure Böden können also mit Hilfe einer Kalkgabe pflanzenfreundliche Werte zwischen schwach sauer und neutral erreichen. Sehr gefährlich ist immer eine überreiche Kalkdüngung, die die Erde zu stark alkalisch reagieren läßt. Diese ungünstige Bodenveränderung ist nur schwer wieder rückgängig zu machen und schadet den Pflanzen sehr.
Ein Bio-Gärtner sollte sich auf jeden Fall die alte Bauernregel merken: Kalk macht reiche Väter und arme Söhne. Dies bedeutet, daß eine kräftige Düngung mit diesem Bodenverbesserungsmittel zunächst sehr wachstumsanregend wirken kann. Rascher Humusverbrauch ist oft die Folge. Deshalb sollte ein kluger Gärtner Kalk nur mäßig und gezielt einsetzen.
Sandböden sind meist kalkarm. Sie verkraften aber keine massiven Kalkmengen. Lehmböden besitzen meist einen ausreichend hohen Kalkwert. Bio-Gärtner können »auf Nummer sicher« gehen, wenn sie dem Garten stets kleine Kalkgaben über den Kompost zukommen lassen. Ein lebendiger, gepflegter Humus leidet normalerweise keinen Mangel an diesem wichtigen Mineral. Wo in Zeiten der Umstellung einmal kräftig nachgeholfen werden muß, da sind kalkhaltiges Steinmehl oder Algenkalk-Produkte besonders empfehlenswert.
Auskunft über den Kalkgehalt des Bodens kann der Bio-Gärtner leicht und verhältnismäßig zuverlässig auch durch einen Bodentest im Glasröhrchen erhalten. Solche Kalk-Tester gibt es überall im Fachhandel.

Torf

Das leichte braune Substrat aus den Mooren wurde zum Allheilmittel für den Garten hochgelobt. Die steigende Nachfrage bedroht unsere letzten

Bei naturgemäßer Bodenpflege und Düngung sind gute Ernten selbstverständlich.

Sumpfgebiete, bringt dem Gärtner aber in vielen Fällen nur mäßigen Nutzen. Torf besitzt die gute Eigenschaft, viel Wasser aufnehmen zu können. Er kann also den Feuchtigkeitsgehalt des Bodens regulieren. Es ist manchmal sinnvoll, dieses Substrat zur Strukturverbesserung leichter Sandböden einzusetzen. In nassen, lehmigen Böden kann Torf bis zu einem gewissen Grad überschüssige Feuchtigkeit binden.
Ein Bio-Gärtner sollte aber auf jeden Fall wissen: Reichlicher Gebrauch von Torf macht die Erde sauer. Das faserige Substrat aus »mumifizierten« Pflanzen enthält von Natur aus keine Nährstoffe. Torf wird deshalb mit synthetischen Salzen angereichert.
Da Bio-Gärtner auch Naturschützer sind, sollten sie den Stoff aus dem Moor nur sparsam und gezielt verwenden: zum Beispiel für Moorbeetpflanzen, wie Azaleen, Heidekraut oder Hortensien, die saure Erde brauchen. Die Verbesserung der Bodenstruktur und des Wasserhaushalts kann umweltschonender und dauerhafter durch Kompost, Steinmehl und Mulchdecken erreicht werden. »Düngen« mit Torf bedeutet unnötigen Raubbau an der Natur. Als Nährstofflieferanten dienen einem verantwortungsbewußten Bio-Gärtner zahlreiche andere Mittel, die er in diesem Kapitel kennenlernte.

Fruchtwechsel und Mischkultur

Gesunde Abwechslung ist das Motto des Bio-Gärtners, wenn er seinen Gartenplan aufstellt. Auch dieser Grundsatz stammt aus der Beobachtung der Natur – ähnlich wie die Bodenbedeckung und die Humuserneuerung durch Kompost. Ein aufmerksamer Bio-Gärtner wird nirgends in der freien Landschaft einseitige Pflanzenbestände entdecken. Monokulturen, wie reine Fichtenwälder oder riesige Weizenfelder, sind immer eine künstliche Welt aus Menschenhand.

Die Natur bevorzugt gemischte Pflanzengemeinschaften. Diese abwechslungsreichen Nachbarschaftsverhältnisse bieten viele Vorteile: Die verschiedenen Gewächse haben auch unterschiedliche Nahrungsansprüche. Sie entnehmen dem Boden wechselnde Nährstoffe. Über die Wurzeln scheiden die Pflanzen aber auch selber Substanzen aus, die die Zusammensetzung der Humusschicht beeinflussen. Je vielfältiger die Pflanzengesellschaft, desto vielfältiger ist auch

Die bunte Vielfalt des Bauerngartens erlebt in der Mischkultur eine neue Blüte.

die Anreicherung mit organischen Substanzen, die die Erde regenerieren. Eine einseitige Auslaugung des Bodens kann so verhindert werden. Die Bauern früherer Jahrhunderte kannten solche Gesetzmäßigkeiten und handelten danach. Sie wechselten jedes Jahr die Frucht auf einem Feld. Nach 3 Jahren Fruchtfolge schalteten sie 1 Jahr der Brache ein. Dann erholte sich die Erde unter dem Einfluß heilsamer Wildpflanzen.
Wer das Wechselspiel der Natur und das Vorbild des alten Ackerbaus sinngemäß auf den Garten überträgt, der legt bereits die Grundlagen für gesundes Wachstum.

Der Wechsel hält die Erde munter

Im Bio-Garten können zwei Formen des natürlichen Ausgleichs angewendet werden: der Fruchtwechsel und die Mischkultur. Die jährlich wechselnde Folge der Kulturen ist dem Ackerbau abgeschaut; die gemischten Kulturen entstehen nach dem Vorbild der Natur.
Für die dreijährige Fruchtfolge muß der Gärtner seinen Garten in 4 Quartiere mit jeweils mehreren Beeten einteilen. Das erste Quartier ist für die »Starkzehrer« reserviert, das zweite für die »Mittelzehrer«, das dritte für die »Schwachzehrer« und das vierte für Kulturen, die den Standort nicht wechseln.
Das Prinzip der Fruchtfolge besteht in jährlichem Wechsel: Auf das Beet der Starkzehrer rücken im folgenden Jahr die Mittelzehrer vor. Wo die Mittelzehrer wuchsen, finden ein Jahr später die Schwachzehrer immer noch genügend Nährstoffe. Für die Starkzehrer muß dann immer das Beet am Ende des Kreislaufs neu gedüngt und mit Nährstoffen angereichert werden.
Damit die richtige Reihenfolge erhalten bleibt, sollte ein Bio-Gärtner einen einfachen Plan mit allen Gartenbeeten aufzeichnen. Darin werden die Pflanzen der Fruchtfolge sorgfältig Jahr für Jahr eingetragen.
Die Starkzehrer brauchen Kompost und organischen Dünger, wie kompostierten Mist, getrockneten Rinderdung oder Horn-Blut-Knochenmehl. Als Ergänzung dienen Steinmehl und Pflanzenjauche. Zu den Starkzehrern im Gemüsegarten gehören: alle Kohlarten, Gurken, Lauch, Sellerie und Kürbis. Kartoffeln werden je nach grüner Philosophie zu den starken »Fressern« oder zu den Pflanzen mit mittlerem Appetit gezählt.
Die Mittelzehrer kommen in der Regel mit Kompost aus. Wo es nötig erscheint, kann der Bio-Gärtner geringe Mengen organischer Dünger und Brennessel-Jauche zugeben. Mittelzehrer sind: Zwiebeln, Möhren, Rote Bete, Kohlrabi, Spinat, Salate, Schwarzwurzeln, Radieschen, Rettiche, Paprika und Melonen.
Die Schwachzehrer können 1 Jahr lang mit den Resten auskommen, die die anspruchsvolleren Pflanzen übrig ließen. Diese Beete werden nur mit Kompost versorgt. Schwachzehrer sind Erbsen, Bohnen und Kräuter.
Im vierten Quartier des Gartens wachsen diejenigen Pflanzen, die jahrelang am gleichen Platz stehenbleiben: Rhabarber, Spargel und Erdbeeren. Hier sollen an einem sonnigen Platz auch die Tomaten ihren Stammplatz erhalten, weil sie am besten jedes Jahr gewissermaßen in ihrem eigenen Abfall gepflanzt werden. Sie gedeihen ohne Wechsel besser.

Fruchtwechsel und Mischkultur

Nach dem Vorbild der Natur: gemischte Pflanzengemeinschaften

Die Mischkultur ist eine besonders naturgemäße Abwandlung der Fruchtfolge. Bei dieser Methode wechseln die Kulturen nicht zeitlich von Jahr zu Jahr, sondern örtlich von Reihe zu Reihe auf einem Beet. So entsteht eine buntgemischte Pflanzengemeinschaft nach dem Vorbild der Natur. Ähnlich wie zum Beispiel in einer wilden Wegrandgemeinschaft sollen sich auch die Gemüsearten auf dem Gartenbeet möglichst günstig ergänzen. Sie entnehmen dem Boden unterschiedliche Nahrungsmengen und scheiden auch unterschiedliche Stoffe über die Wurzeln aus.

Oberirdisch sollen sie so geschickt kombiniert sein, daß ihre Blätter und Stengel sich nicht bedrängen. Deshalb wechseln zum Beispiel schlanke Pflanzengestalten mit solchen, die buschig und breit wachsen. Zu ausladenden Kohlköpfen paßt eine schmale Randpflanzung aus Schnittsalat. Die tiefwurzelnden Möhren vertragen sich gut mit flachwachsenden Zwiebeln. Schlanke Schwarzwurzeln lassen dem runden Kopfsalat genügend Raum zur Entfaltung.

Ein Bio-Gärtner sollte deshalb im Frühling bei der Aussaat immer die erwachsenen Kulturen vor Augen haben, dann wählt er auch die richtigen Partner aus. Ein weiterer Vorteil bei geschickt angelegten Mischkulturen besteht darin, daß die Pflanzen im Sommer eine dichte Decke bilden. So entsteht die beliebte Schattengare. Die Feuchtigkeit im Boden wird zusätzlich zur Mulchabdeckung geschützt.

Mischkulturen sind nicht bunt und zufällig zusammengewürfelt. Sie werden mit System angelegt. So stehen zum Beispiel auf einem Beet Haupt- und Nebenkulturen zusammen, die zu unterschiedlichen Zeiten reifen. Wenn raschwachsende Pflanzen, wie Radieschen, Salat und Kohlrabi, geerntet sind, können die Gemüse, die eine längere Kulturzeit benötigen, sich noch genügend ausdehnen.

Ein Bio-Gartenlehrling, aber auch ein erfahrener Bio-Gärtner, sollte sich für die verschiedenen Mischkulturen immer einen sorgfältig ausgearbeiteten Plan aufzeichnen. Danach kann er dann in den folgenden Jahren die Hauptkulturen auf den Beeten wechseln. So geht er jeder einseitigen Ausnutzung des Bodens aus dem Weg.

Wichtigster Gesichtspunkt für gesunde Mischkulturen sind aber die direkten Nachbarschaften. In den nebeneinander liegenden Reihen sollten nur solche Pflanzen angebaut werden, die sich gegenseitig günstig beeinflussen.

Bei den guten oder schlechten Nachbarschaftsverhältnissen kann sich ein Bio-Gärtner auf die jahrzehntelangen Erfahrungswerte seiner Vorgänger verlassen. Die wissenschaftliche Erforschung der Sympathien und Antipathien im Pflanzenreich ist noch längst nicht abgeschlossen. Wahrscheinlich sind es vor allem die aromatischen Düfte und die Wurzelausscheidungen, die Abwehrreaktion oder »grüne Freundschaft« auslösen.

Eines steht jedenfalls fest: Die praktische Gartenerfahrung bestätigt immer wieder, daß gewisse Pflanzen sich im Wachstum fördern; andere fühlen sich offenbar so unwohl nebeneinander, daß sie zu kümmern beginnen. Es gibt darüberhinaus auch Kombinationen, die sich in der Aroma-

bildung und damit im Wohlgeschmack fördern: Dazu gehören zum Beispiel Radieschen und Kresse oder Kartoffeln und Kümmel.
Andere Pflanzen halten Schädlinge von ihren Nachbarn fern: Tomaten wehren zum Beispiel durch ihren intensiven Geruch Kohlweißlinge vom Kohl ab.
Alle diese Möglichkeiten sollen bei der Aufstellung eines Mischkultur-Plans bedacht werden. Die Beobachtungen, die solchen günstigen Nachbarschaften zugrunde liegen, wurden nicht nur von den Vorläufern des Bio-Gärtners in unserem Jahrhundert gemacht. Zahlreiche Hinweise auf die Beziehungen der Pflanzen untereinander finden sich auch in Garten- und Kräuterbüchern, die schon Jahrhunderte alt sind.
Der Bio-Gärtner wird sich am besten in die »grünen Verhältnisse« einarbeiten, wenn er sie in der Praxis ausprobiert. Dabei sollte er sich anfangs auf die alten Erfahrungswerte stützen. Später darf er auch ruhig selber experimentieren. Denn dieses interessante Gebiet der Pflanzen-Nachbarschaften ist noch längst nicht in alle Winkel erhellt. Wer bereit ist, mit wachen Augen zu beobachten und dabei geduldig zu experimentieren, der wird sicher noch manche interessante Entdeckung machen können.

Beispiele zum Ausprobieren

Damit die Fülle der gemischten Möglichkeiten nicht zu unübersichtlich wird, folgen hier einige erprobte Kombinationen. Jeder Bio-Gärtner kann sie leicht in die eigene Gartenpraxis umsetzen. Erfolgserlebnisse werden nicht lange auf sich warten lassen.

1. Beet
Kopfsalat ('Maikönig') oder Schnittsalat, frühe Kohlrabi, Kresse, Radieschen.
Dies ist eine klassische Frühjahrs-Mischkultur, die abwechselnd in Reihen ausgesät wird. Anstelle von Radieschen können Sie auch frühe zarte Rettiche, zum Beispiel die rötlich-weiße Sorte »Ostergruß«, verwenden. Wenn Sie kein großer Kresseliebhaber sind, dann planen Sie neben dem Salat eine Reihe mit gemischten Kräutern, wie Dill, Boretsch und Kerbel, ein.
Dieses Frühlingsbeet ist in wenigen Wochen erntereif. Danach haben späte Kulturen Platz: Winterlauch abwechselnd mit Wintermöhren. Oder: späte Buschbohnen (Juni-Aussaat) und späte Kohlrabi.

2. Beet

Frühe Möhren und Steckzwiebeln oder späte Möhren und Winterlauch. Diese Kombination ist weit über den Bio-Garten hinaus bekannt und seit Generationen bei Gärtnern beliebt. Die Pflanzen wehren sich gegenseitig Möhren- und Zwiebelfliegen ab. Verlassen kann sich ein Bio-Gärtner auf diese gesundheitsfördernde Nachbarschaft aber nur, wenn auch alle anderen naturgemäßen Pflegemaßnahmen eingehalten werden.

3. Beet

Buschbohnen, Rote Bete, Bohnenkraut.
Säen Sie eine Reihe Wachsbohnen, in der Mitte Rote Bete und dann noch einmal eine Reihe grüne Buschbohnen. An den äußersten Rändern oder auch am Kopf des Beetes sollte Bohnenkraut stehen. Das stark würzige Kraut wehrt die schwarzen Läuse ab, die gern über zarte Bohnensprößlinge herfallen. Es liefert aber auch gleichzeitig das ideale Gewürz zu frischem Bohnengemüse.

4. Beet

Tomaten, Sellerie, Kohl.
Diese kräftigen Gemüsearten gedeihen prächtig in naher Nachbarschaft. Sie brauchen aber viel Platz. Alle können gleichzeitig mit Brennessel-Jauche gedüngt werden. Tomaten schützen den Kohl vor Kohlweißlingen. Bei dieser Mischkultur können Sie zwischen zahlreichen Kombinationen wählen. Für kleine Gärten sind Kohlrabi empfehlenswert. Auf großen Beeten können Brokkoli, Blumenkohl oder Wirsing wachsen.

5. Beet
Gurken, Dill, Erbsen.
Dill gedeiht zwischen den Gurken oft besser als im Kräutergarten. Die Erbsen bilden einen günstigen Windschutz für die wärmebedürftigen Gurken. Deren lange, blattreiche Ranken decken die Erde des Beetes zu und schützen die Feuchtigkeit.

6. Beet
Erdbeeren, Schalotten, Knoblauch.
Setzen Sie die Knoblauchzehen zwischen die einzelnen Erdbeerpflanzen, die Schalotten in die Reihe zwischen den Erdbeeren. Sowohl Zwiebeln als auch Knoblauch helfen die süßen Beeren gesund zu erhalten. Sie beugen Pilzerkrankungen vor. Außerdem nützen Sie den Platz auf dem Erdbeerbeet durch Nachbarpflanzen, die sich gegenseitig nicht behindern.

Von den Pflanzennachbarn, die sich gegenseitig günstig im Wachstum beeinflussen oder vor Krankheiten schützen, haben Sie hier einige wichtige Beispiele kennengelernt. Es gibt auch zahlreiche Gewächse, die sich neutral gegeneinander verhalten. Nur einige wenige Kombinationen sind so ungünstig, daß Schäden zu befürchten sind. Wenn ein Bio-Gärtner sich diese Negativ-Beispiele gut einprägt, dann kann er beim Rest der wichtigsten Kulturpflanzen keine groben Fehler mehr machen.
Für die naturgemäß gemischten Kulturen gilt wie überall im Garten: Probieren geht über studieren. Sicherlich spielen die unterschiedlichen Bedingungen des Klimas und der Bodenverhältnisse bei solchen Experimenten eine Rolle. Diejenigen Kombinationen, die unter den örtlichen Gegebenheiten am besten funktionieren, muß auch ein Bio-Gärtner selber durch gute Beobachtung herausfinden.

Schlechte Nachbarn
Bohnen und Erbsen
Bohnen und Zwiebeln
Kohl und Zwiebeln
Kohl und Senfsalat
Kohl und Erdbeeren
Tomaten und Fenchel
Tomaten und Kartoffeln
Tomaten und Erbsen
Kartoffeln und Sonnenblumen
Kartoffeln und Sellerie

Schädlingsabwehr

Im naturgemäßen Garten geht es niemals darum, lästige »Mitesser« auszurotten. Schon zu Beginn dieses Buches hat der Bio-Gärtner erfahren, daß es »Schädlinge« im Sinne der Natur gar nicht gibt. Jedes Lebewesen erfüllt im weitverzweigten ökologischen Netz nützliche Funktionen, die ein Gärtner nicht ungestraft »ausradieren« darf.
Lernen wir also wieder, mit den großen und kleinen Geschöpfen der Erde zusammen zu leben. Wo sie dem Gärtner »die Haare vom Kopf« und die Äpfel vom Baum fressen wollen, da muß auch ein »Biologischer« sich wehren. Er sollte versuchen, Insekten, Schnecken, Mäuse und Mehltau in erträglichen Grenzen zu halten. Statt der Schädlings-Bekämpfung wählt er bewußt den Weg der Schädlings-Abwehr. Für einen Bio-Gärtner ist es sicher wichtig, daß er neben naturgemäßen Rezepten und Brühen auch seine Bundesgenossen unter den Tieren und Pflanzen kennenlernt. Sie können ihm manche Mühe abnehmen, denn viele nützliche Tiere halten Insekten und Raupen kurz.
Zahlreiche Pflanzen vertreiben durch ihre Düfte Schmetterlinge mit »schädlichen« Absichten, Läuse oder Schnecken von den Kulturen des Gärtners.
Die kleine Tier- und Pflanzenkunde auf den folgenden Seiten kann dem Bio-Gärtner in der Alltagspraxis wertvolle Dienste leisten.

Rote Marienkäfer sind bekannt und beliebt.

Ebenso nützlich: ein gelber Marienkäfer.

Tiere helfen mit

Insekten und Schnecken, die vielen Gärtnern das Leben schwer machen, gehören zum täglichen oder auch nächtlichen Speiseplan kleiner Nutztiere. Wo sie im naturgemäßen Garten wieder einen geschützten Lebensraum finden, da vertilgen Igel, Erdkröten, Frösche, Spitzmäuse und Maulwürfe beachtliche Mengen dieser »Schädlinge«.
Läuse und Raupen tragen zahlreiche Vogelarten kiloweise während des Sommers in ihre Nester, um damit ihre Jungen zu füttern. Auch Spinnen, Käfer und Insekten beteiligen sich an der Jagd auf diese weichhäutigen Pflanzenfresser. Marienkäfer und ihre Larven, die Larven der Florfliegen, Schlupfwespen und Schwebfliegen

gehören zu den Bundesgenossen des Bio-Gärtners.
Ohrwürmer gehören inzwischen zu den »Markenzeichen« des biologischen Gartens. Auch viele Bio-Gartenlehrlinge wissen bereits, daß die beweglichen braunen Tiere mit den Zangen am Hinterleib nachts auf Läusejagd gehen. Tagsüber suchen sie Schutz vor Feinden. Einen sicheren, warmen Unterschlupf bieten ihnen deshalb kluge Bio-Gärtner in Form eines Blumentopfes an, der mit Holzwolle oder Heu gefüllt wird. Diese Gehäuse werden kopfunter in Obstbäumen aufgehängt. Dort können die Ohrwürmer dann gleich an Ort und Stelle Schwarze Kirschläuse oder Grüne Pfirsichblattläuse fressen.

Selbstgebautes Ohrwurm-Nest im Blumentopf.

Pflanzen helfen mit

Unter den stillen Pflanzen, die sich nie von der Stelle bewegen, gibt es eine Reihe erfolgreicher Schädlings-Jäger. Kluge Gärtner machen sich die nützlichen Eigenschaften solcher Gewächse zunutze. Meist beruht die abwehrende Eigenschaft auf Wurzelausscheidungen oder starken Düften.
Bohnenkraut wehrt schwarze Läuse ab, besonders von Buschbohnen.
Gewürzkräuter mit starkem Duft, wie zum Beispiel Salbei, Rosmarin, Thymian, Eberraute und Pfefferminze, wehren Kohlweißlinge und Schnecken ab. Randpflanzungen aus solchen aromatischen Kräutern haben aber niemals eine hundertprozentige Wirksamkeit. Sie bilden nur eine Art Barriere. Kombiniert mit anderen Bio-Maßnahmen können sie dennoch nützlich sein.
Ginster wehrt Erdflöhe von jungen Aussaaten ab, vor allem von Rettich, Radieschen, Kohl und Gurken. Die blühenden Zweige werden dicht neben die Reihen der Sämlinge gelegt. Dies ist ein altes Mittel, das auch bei Hühnern und Tauben gegen Ungeziefer im Stall hilft.
Kaiserkronen vertreiben durch den intensiven Knoblauchgeruch ihrer Zwiebeln Wühlmäuse. Sie sind aber kein verläßliches Allheilmittel.
Kapuzinerkresse wirkt durch ihren Geruch gegen Blutläuse. Deshalb sät der Bio-Gärtner sie gern auf Baum-

Bohnenkraut schützt Bohnen vor Läusen.

Läuse-Abwehr: Kapuzinerkresse und Lavendel.

Tagetes entseuchen die Erde von Nematoden.

scheiben aus. Die hübschen Pflanzen können aber auch gegen schwarze Läuse eingesetzt werden. Sie ziehen diese schädlichen Sauger wie magisch an. Wertvolle Gartenkulturen können dadurch entlastet werden.

Knoblauch hat eine allgemein bakterizide und fungizide Wirkung. Deshalb werden die Zwiebeln vorbeugend gegen Pilzerkrankungen eingesetzt. Bio-Gärtner pflanzen Knoblauch zwischen Erdbeeren, neben Rosen und unter Obstbäume.

Lavendel wehrt bis zu einem gewissen Grad Ameisen ab und schützt Rosen vor Blattläusen. Diese gesunde Mischkultur bietet außerdem ein anmutiges Gartenbild.

Senf wird in vielen Bio-Gärten als Abwehrpflanze gegen Schnecken eingesetzt. Die Wirkung ist aber umstritten. Sie scheint zum Teil vom Zustand des Bodens, vom Klima und von der mehr oder weniger reichen Entwicklung des ätherischen Senföls in den Pflanzen abzuhängen.

Tagetes wirken unterirdisch. Ihre Wurzeln enthalten einen nematiziden Stoff, der die gefährlichen Wurzelälchen *(Nematoden)* unfruchtbar macht. Dadurch können sie sich nicht mehr vermehren. Die verseuchte Erde hat dann Zeit, sich zu regenerieren.

Wermut fällt durch seinen starken, strengen Geruch auf. Dadurch wehrt er auch Ungeziefer ab. In dieser Eigenschaft wird das Kraut seit Jahrhunderten genutzt. In biologischen Gärten pflanzt man Wermut zu den Johannisbeeren. Er soll den Säulchenrost von den Sträuchern abhalten.

Zwiebeln wirken ähnlich pilzhemmend wie Knoblauch. Sie werden deshalb zwischen die Erdbeeren gepflanzt. Neben Möhren wehren sie die Möhrenfliege ab.

Hausgemachte Pflanzenschutz-Mittel

Wo zahlreiche Tiere und sinnvoll eingeplante Pflanzen mithelfen, »Schädlinge« im Garten kurz zu halten, da bleibt dem Bio-Gärtner wenig zu tun. Die uralte Wechselwirkung zwischen Fressen und Gefressenwerden erzeugt eine biologische Balance. Gefährliche Extreme werden vermieden. Dennoch muß auch ein friedfertiger Gärtner, der mit den Mitteln der Natur arbeitet, sich in Notfällen zu helfen wissen. Vor allem in den Zeiten der Umstellung auf biologische Methoden kann es zu Schädlingsplagen kommen. Auch außergewöhnlich schlechte Witterung, zum Beispiel anhaltende Trockenheit oder wochenlange Regenfälle, können Krankheiten verursachen. In solchen Situationen helfen natürliche Pflanzenschutz-Mittel, die man aus den Vorräten der Natur oder seines Gartens selber herstellen kann. Viele dieser hausgemachten Spritzbrühen wirken besonders gut, wenn sie vorbeugend angewendet werden. Lassen Sie es also gar nicht erst zu Katastrophen kommen!

Vor allem ein Bio-Garten-Anfänger sollte die folgenden Rezepte aufmerksam lesen. Die Pflanzen, die für die wichtigsten biologischen Spritzbrühen gebraucht werden, muß er auf jeden Fall kennen. Entweder sucht er natürliche Standorte von Brennesseln, Schachtelhalm, Farn und Rainfarn in der Umgebung, oder er siedelt diese Wildpflanzen in seinem Garten an. Schachtelhalm, der sich durch tiefreichende Wurzelausläufer vermehrt, sollte sich allerdings niemand freiwillig »einschleppen«. Dieses kieselhaltige, heilsame Kraut aus den Urzeiten der Erde läßt sich nämlich nur schwer wieder vertreiben, wo es einmal Fuß gefaßt hat.

Wilder Rainfarn ist weitverbreitet.

Die folgenden Rezepte können sowohl mit frischen Kräutern als auch mit getrockneten Drogen angesetzt werden. Nur für die »beißende Brennnessel-Brühe« werden ganz frische Blätter benötigt. Trockenkräuter können Sie in Drogerien, Apotheken, Reformhäusern, Kräuterhäusern und im Bio-Versand kaufen. Schachtelhalm- und Brennessel-Präparate gibt es inzwischen auch im normalen Gartenfachhandel.

Schädlingsabwehr

Beißende Brennessel-Brühe
Füllen Sie einen 10-l-Eimer mit reichlich frisch geschnittenem Brennesselkraut. Die Pflanzen dürfen noch keine Samen angesetzt haben. Darüber gießen Sie Wasser, wenn möglich Regenwasser. Alle Pflanzenteile sollen von der Flüssigkeit überdeckt sein. Lassen Sie diesen Ansatz nicht länger als 12–24 Stunden lang stehen. Die Flüssigkeit darf nicht gären! Dann wird dieser Brennessel-Kaltwasserauszug abgegossen und unverdünnt über diejenigen Pflanzen gesprüht, die von Läusen heimgesucht werden. Die brennenden Substanzen der grünen Nesseln sind nur in der frisch angesetzten »beißenden Brühe« enthalten. Spritzen Sie mehrmals im Abstand von einigen Tagen. Dieses Hausmittel ist vor allem bei geringem Befall nützlich. Bei starken Läuse-Invasionen muß auch ein Bio-Gärtner ausnahmesweise einmal zu den intensiveren Mitteln greifen, die am Ende dieses Kapitels beschrieben sind.

Brennessel-Kaltwasserauszug wird gespritzt.

Ackerschachtelhalm-Brühe
Dies ist das klassische Bio-Mittel zur Vorbeugung gegen Pilzerkrankungen. Schachtelhalm *(Equisetum arvense)*, der auch Katzenschwanz oder Zinnkraut genannt wird, enthält außergewöhnlich viel Kieselsäure. Der Bio-Gärtner kann diese kristalline Substanz fast zwischen den Fingern spüren, wenn er die spröden, zerbrechlichen »Halme« in den Händen zerreibt. Die Kieselsäure stärkt die Zellen der Pflanzen und macht sie so widerstandsfähiger gegen das Eindringen von Pilzinfektionen.
Für 10 l Wasser brauchen Sie 1 kg frische oder 150 g getrocknete Schachtelhalmpflanzen (ohne Wurzeln). Das Kraut wird 24 Stunden lang in Wasser eingeweicht. Danach wird dieser Ansatz aufgekocht; er soll noch etwa 30 Minuten lang leise weiter sieden. Dann lassen Sie die Flüssigkeit abkühlen und sieben sie durch.
Schachtelhalm-Brühe wird 1:5 mit Wasser (möglichst Regenwasser) verdünnt und dann über pilzgefährdete Kulturen versprüht. Im Gegensatz zu den meisten anderen Spritzmitteln wird dieses Kieselpräparat vormittags bei Sonnenschein angewendet. Die vorbeugende Wirkung verstärkt sich, wenn Schachtelhalm-Brühe alle 2–3 Wochen gespritzt wird.

Wurmfarn-Brühe
Die Blätter des Wurmfarns *(Dryopteris filix-mas)* werden ebenfalls im Wasser angesetzt. Auf 10 l Flüssigkeit brauchen Sie 1 kg frische Farnblätter oder 100 g getrocknetes Kraut. Wurmfarn wird entweder als Brühe angesetzt, wie der Schachtelhalm, oder als vergorene Jauche, wie Brennesseln (siehe Rezept Seite 44). Die fertige Flüssigkeit sprühen Sie unverdünnt im

Wurmfarn gedeiht im Wald und im Garten.

Winter über Bäume und Gehölze, die von Schild-, Schmier- und Blutläusen geplagt werden.

Rainfarn-Brühe
Der Name täuscht: Rainfarn *(Tanacetum vulgare),* eine aromatisch riechende Wegpflanze mit gelben Blütenköpfchen, gehört nicht zu den Farnen. Setzen Sie 300–500 g frische Pflanzen (das ganze blühende Kraut) oder 30 g getrocknete Droge in 10 l Wasser an. Sie können daraus Brühe nach dem Schachtelhalm-Rezept oder Jauche nach dem Brennessel-Rezept (Seite 44) zubereiten.
Das stark würzige Kraut wirkt allgemein gegen Ungeziefer. Es wird seit Jahrhunderten zu diesem Zweck in Haus und Garten verwendet. Spritzen Sie Rainfarn-Brühe im Winter unverdünnt über die Pflanzen. Im Sommer wird die Flüssigkeit auch über den Boden verteilt. Für eine Nachblütenspritzung der Obstgehölze verdünnen Sie den Ansatz im Verhältnis 1:2 mit Wasser. Rainfarnspritzungen helfen gegen manches »Ungeziefer«, vor allem gegen Erdbeerblütenstecher, Erdbeermilben, Himbeerkäfer und Brombeermilben.
Achtung: Rainfarn enthält Giftstoffe. Kinder dürfen diese Brühe nicht aus Versehen trinken!

Wermut-Brühe
Der bitter-herbe Wermut *(Artemisia absinthium)* wirkt ähnlich wie der Rainfarn durch seinen starken Geruch. 300–500 g frisches Kraut oder 30 g getrocknete Droge genügen für 10 l Wasser. Sie können daraus Brühe (siehe Schachtelhalm-Rezept Seite 60), Jauche (siehe Brennessel-Rezept Seite 44) oder Tee ansetzen. Für das letzte Rezept lassen Sie das Wasser aufkochen und gießen es über das Kraut. Der Tee soll 10–15 Minuten zugedeckt ziehen. Dann kann er abgesiebt und nach dem Erkalten verwendet werden. Wermut-Jauche versprühen Sie im Frühling unverdünnt. Sie vertreibt Blattläuse, Säulchenrost an Johannisbeeren, Brombeermilben, Raupen und Ameisen. Wermut-Tee wird im Juni/Juli 1:3 mit Wasser verdünnt und dann gegen Blattläuse und Apfelwickler gespritzt. Im Herbst können Sie die 1:2 verdünnte Wermut-Brühe gegen Brombeermilben anwenden.

Tomatenblätter-Auszug
Sammeln Sie einige Tomatenblätter und Geiztriebe, und übergießen Sie die Pflanzenteile mit 2–3 l Wasser. Der Ansatz soll dann etwa 3 Stunden lang ziehen. Versprühen Sie die Flüssigkeit aus den streng riechenden Tomatenblättern alle 2 Tage über die jungen Kohlpflanzen. Kohlweißlings-Schmetterlinge werden dadurch vom Kohlbeet abgehalten, weil der fremde Duft sie irritiert.

Zwiebelschalen-Brühe
20–50 g Zwiebelschalen werden mit 1 l Wasser übergossen. Der Ansatz soll 4–7 Tage lang durchziehen. Dann gießen Sie die Flüssigkeit ab und sprühen sie unverdünnt gegen Milben und Pilzerkrankungen.

Schmierseifen-Brühe
Für dieses rasch und intensiv wirkende Mittel, das schon unsere Großeltern benutzten, kaufen Sie reine braune Schmierseife in der Drogerie oder Apotheke. Aus 150–300 g Schmierseife und 10 l Wasser wird eine Lösung angerührt. Diese Brühe hilft sehr zuverlässig gegen Läuse. Sie sollten sie aber nur in Notfällen anwenden.

Quassia-Brühe
Aus dem tropischen Quassia-Bitterholz, das Sie in der Apotheke kaufen können, wird eine Brühe angesetzt. Sie brauchen dafür 150 g Quassiaholz und 2 l Wasser. Um die Wirkung zu verstärken, können Sie noch 2 l Schachtelhalm-Tee und 10 l Schmierseifen-Brühe darunter mischen. Quassia-Brühe wirkt als pflanzliches Ätzgift gegen Blattläuse und andere Insekten. Es trifft aber, ähnlich wie die im Handel erhältlichen Pyrethrum-Präparate, auch nützliche Insekten. Deshalb dürfen solche hausgemachten Brühen, auch wenn sie aus natürlichen Mitteln hergestellt werden, nur gezielt und in Notfällen ausgespritzt werden.

Bio-Präparate im Handel

Vor 10 Jahren war es noch schwierig und umständlich, biologische Pflanzenschutz-Präparate zu kaufen. Nur wenige Eingeweihte kannten die Bezugsquellen. Heute wird bereits eine beachtliche Fülle von Bio-Präparaten im normalen Fachhandel angeboten. Sogar in den Katalogen der Gartenversandfirmen haben biologische Dünge- und Pflanzenschutzmittel sich einen Platz neben den bisher fast ausschließlich angebotenen chemischen Produkten erobert. Die größte und zuverlässigste Auswahl an Bio-Präparaten bieten aber immer noch einige Spezialfirmen, die nicht nur das Geschäft, sondern auch das Anliegen des naturgemäßen Gartens fördern. Die wichtigsten Adressen und Bezugsquellen findet der Bio-Gärtner im Anhang. Dort kann er sich sowohl über Artikel, die im örtlichen Fachhandel zu kaufen sind, als auch über Versandfirmen informieren. Die Auswahl wurde nach der Zuverlässigkeit und Seriosität der Produkte getroffen. Denn für einen Anfänger ist es inzwischen schon schwierig geworden, sich auf dem »grünen Markt« zurechtzufinden. Einige Händler möchten nur auf der »Bio-Welle« mitschwimmen und dabei gute Geschäfte machen. Die hier genannten Produkte und Firmen sind alle erprobt und empfehlenswert. Nach einiger Zeit wird sich auch der Bio-Garten-Anfänger im Angebot zurechtfinden und nur diejenigen Produkte kaufen, die seinem Garten wirklich nützen.
Aus der Fülle der Präparate können hier nur einige Beispiele herausgehoben und einige praktische Anregungen gegeben werden.
Gegen Läuse und andere Insekten sind in der Hauptsache verschiedene Pyrethrum-Präparate auf dem Markt (zum Beispiel »Spruzit« und »Oscorna Insektenschutz«). Diese Mittel enthalten ein natürliches Gift, das aus afrika-

Eine Auswahl seriöser Handelspräparate für den biologischen Pflanzenschutz und die naturgemäße Pflanzenpflege. (Bezugsquellen im Anhang)

nischen Margeritenblüten gewonnen wird. Die Präparate wirken sehr zuverlässig, treffen aber auch nützliche Insekten. Deshalb darf ein Bio-Gärtner sie nicht unüberlegt gegen jede Laus benutzen. Die Entscheidung, wann dieses Natur-Gift eingesetzt werden kann, muß von Geduld und Verantwortungsbewußtsein getragen werden. Getrocknetes Brennesselkraut und verschiedene Schachtelhalm-Präparate sind ebenfalls im Handel erhältlich. Empfehlenswert sind zum Beispiel: »Schachtelhalm-Konzentrat« von Neudorff, »Pilzvorbeuge« von Oscorna und »Equisan« von Cohrs. Die im Handel angebotenen biologischen Mittel gegen Pilzerkrankungen werden meist vorbeugend angewendet. Außer den seit langem bewährten Schachtelhalm-Präparaten kann unter anderen das Mittel SPS, ein Wildkräuter-Konzentrat, und »Bio-Blatt«, das ein Pflanzenöl aus Sojabohnen enthält, empfohlen werden. »Bio-Blatt« ist als rein pflanzliches Fungizid gegen Mehltau von der Biologischen Bundesanstalt zugelassen.

Nützlich für einen Bio-Gärtner, der nicht gleich alle naturgemäßen Hausmittel selber anrühren kann, sind auch die Pflegemittel für die Obstgehölze. Baumanstriche, die unter anderem Tonmehl, Kräuterauszüge und Kieselsäure enthalten, werden von mehreren Firmen angeboten, zum Beispiel »Preicobakt« (Cohrs), »Bio-Baumanstrich« (Neudorff) und »Rindenkräftigung« (Oscorna). Diese hellen Natur-Anstriche pflegen die Stämme; sie schützen Obstbäume und Beerensträucher vor Frostrissen und Schädlingen, die in der glatten Rinde keinen Unterschlupf finden.
Mehr über das Angebot an naturgemäßen Pflanzenschutz- und Düngemitteln erfährt ein Bio-Gärtner, wenn er sich Kataloge und Broschüren derjenigen Firmen schicken läßt, die im Anhang genannt sind. Über die im örtlichen Fachhandel erhältlichen Produkte gibt auch jeder gute Händler Auskunft. Einige Spezialprodukte werden auch in den folgenden Kapiteln noch dort genannt, wo sie besonders gebraucht werden.

Erste Hilfe bei den schlimmsten Plagen

Einige Krankheiten und Schädlinge sind besonders weit verbreitet. Jeder Gärtner steht irgendwann vor dem Problem, sich dagegen zu wehren und sie in erträglichen Grenzen zu halten. Die folgenden Tips aus der Praxis sollen dem Bio-Gärtner dabei helfen.

Echter Mehltau

Diese Pilzerkrankung zeigt sich durch einen mehlig-weißen Belag auf Blättern und Blütenknospen. Sie kann Rosen, Gurken, Obstbäume und andere Pflanzen befallen. Im naturgemäßen Garten wird der Mehltau, wie auch andere Pilzerkrankungen, vor allem vorbeugend behandelt.

Zunächst sind ein günstiger Standort, genügender Abstand zwischen den Gewächsen und biologische Bodenpflege wichtige Voraussetzungen, um die Pflanzen widerstandsfähig zu machen. Außerdem sollte der Bio-Gärtner vom Frühling bis zum Spätsommer öfter mit Schachtelhalm-Brühe spritzen. Mischkulturen mit Zwiebeln und Knoblauch wirken sich ebenfalls günstig aus. Wenn der weiße Belag sich bereits zeigt, helfen nur noch »Bio-Blatt« und Netzschwefel-Präparate aus dem Fachhandel.

Blattläuse

Es gibt grüne, schwarze, mehlige und noch einige andere Blattlausarten. Sie schädigen die Pflanzen, indem sie die Blätter ansaugen und ihnen Nährstoffe entziehen. Gefährdet sind vor allem schwächliche Gewächse. Die »Schwäche« kann durch zu starke Düngung, durch Nahrungsmangel

Mehltau an Gurken.

Eine Blattlaus legt Eier an einer Rose ab.

oder auch einen ungünstigen Standort entstehen.
Der Bio-Gärtner sollte also zunächst für gute, naturgemäße Wachstumsbedingungen sorgen. Außerdem versucht er selbstverständlich möglichst viele natürliche Helfer gegen Blattlaus-Plagen in seinem Garten heimisch zu machen. Dazu gehören zum Beispiel Vögel, Marienkäfer, Florfliegen, Schlupfwespen, Schwebfliegen und Ohrwürmer.
Wenn sich die Blattlaus-Invasion noch in Grenzen hält, hilft oft eine Maßnahme, die die Pflanzen rasch »von innen« stärkt: zum Beispiel ein Guß Brennessel-Jauche oder das Bestäuben der Blätter mit Algenpräparaten oder Gesteinsmehl.
Im »Normalfall« helfen »beißende Brennesselbrühe« oder das Abspritzen der Pflanzen mit einem kalten Wasserstrahl. Im Notfall können Spritzbrühen aus Quassia, Schmierseife oder Pyrethrum verwendet werden.

Schnecken
Diese gefräßigen Tiere bereiten auch dem geduldigsten Natur-Gärtner oft Kummer. Die außergewöhnlich großen Schneckenmengen, die in den letzten Jahren in zahlreichen Gärten beobachtet wurden, zeigen deutlich, wie sehr das ökologische Gleichgewicht aus den Fugen geraten ist.
Der Bio-Gärtner sollte zunächst versuchen, möglichst viele natürliche »Gegenspieler« wieder in seinem Garten »auf die Jagd« zu schicken, zum Beispiel Igel, Kröten, Blindschleichen, Zauneidechsen, Vögel, Laufkäfer, Maulwürfe und Spitzmäuse.
Die folgenden Mittel besitzen eine gewisse Abwehrwirkung gegen Schnekken: Farnmulch, Tomatenblättermulch, Senfsaat und Kapuzinerkresse.

Schneckenfalle: ein großes Rhabarberblatt.

Schutzwälle um besonders gefährdete Pflanzen können durch scharfen Sand, Sägemehl oder Gerstenspreu ausgelegt werden. Gesteinsmehl, Kalk und Holzasche wirken gleichfalls als Hindernis, das den schleimigen Tieren unangenehm ist. Diese Mittel können aber nur bei trockenem Wetter eingesetzt werden; bei Regen versagen sie.
Geduldige Bio-Gärtner können große Mengen Schnecken fangen, wenn sie immer wieder Fallen auslegen: Unter Holzbrettern, feuchten Säcken und großen Gemüseblättern sammeln sich die Tiere gern, weil sie dort vor der Wärme und dem Licht des Tages geschützt sind.
Bewährt haben sich vor allem die Bier-Fallen. Im Handel können Sie sinnvoll konstruierte Gefäße kaufen. Ein Joghurtbecher, der ebenerdig eingegraben und abends mit Bier gefüllt wird, erreicht aber den gleichen Zweck. Am nächsten Morgen sind die Bierfallen mit Schnecken aller Größen angefüllt, die im verlockenden Gebräu

Blick in ein Wühlmausnest.

Von Wühlmäusen abgefressen: ein Lauch.

aus Hopfen und Malz ertrunken sind. Die Becher müssen regelmäßig gereinigt und wieder gefüllt werden. Wer mehrere Mittel eine Zeitlang konsequent anwendet, hat die größten Aussichten auf Erfolg.

Wühlmäuse

Die »Erdratten« können große Schäden anrichten. Ihre natürlichen Feinde, wie Greifvögel, Eulen, Iltis und Wiesel, sind kaum noch in der Nähe der Gärten zu finden. Nur tüchtige Hauskatzen gehen noch auf Wühlmausjagd.

Der Bio-Gärtner sollte versuchen, möglichst mehrere Abwehrmittel miteinander zu kombinieren. Schutzpflanzungen aus Kaiserkronen, Knoblauch, Wolfsmilch *(Euphorbia lathyris)* und Hundszunge *(Cynoglossum officinale)* üben eine gewisse Abwehr aus, wirken aber nie hundertprozentig.

Legen Sie starkriechende Substanzen, wie Knoblauchzehen, Fischköpfe, Thujazweige und Nußbaumblätter, in die Gänge. Schräg eingegrabene Flaschen irritieren die Wühlmäuse durch einen Pfeifton, den der Wind erzeugt.

Die sicherste, weil leider tödliche Wirkung haben Wühlmausfallen, die überall im Handel angeboten werden, und das pflanzliche Ködergift »Quiritox«. Der Bio-Gärtner muß wissen, daß er alle Mittel, die in die Gänge gelegt werden, nur mit Handschuhen anfassen darf. Anderenfalls wittern die Tiere den Menschengeruch und sind gewarnt.

Sie sehen, auch im naturgemäßen Garten stehen zahlreiche Mittel zur Verfügung, die gegen allzu aufdringliche Mitesser eingesetzt werden können. Der Bio-Gärtner sollte aber niemals vergessen, daß er nicht gegen die Mitbewohner seines Gartens in den Krieg zieht. Alle positiven Maßnahmen, die das Leben stärken und fördern, sind wichtiger als negative Reaktionen, die in irgendeiner Form Zerstörung und Tod zur Folge haben. Auch ein »natürliches Gift« wirkt als »Mordinstrument«. Die betroffene Laus muß sterben – für sie bedeutet das Etikett »biologisch« keinen Trost. Nur Verantwortungsbewußtsein und Mitgefühl können den Bio-Gärtner davor bewahren, allzu bequeme Wege einzuschlagen. Vergessen Sie in schwierigen Situationen niemals das Endziel: Wer konsequent und unbeirrt nach biologischen Methoden arbeitet, der hat es bald nicht mehr nötig, zornig auf Entgleisungen des Gleichgewichtes zu reagieren.

Nachdem der Bio-Gärtner die wichtigsten Grundlagen des naturgemäßen Gartens kennengelernt hat, ist er hoffentlich innerlich bereit, ein wenig umzudenken und die sanfte grüne Theorie auch im Garten anzuwenden. Mit neuem Blick und guten Vorsätzen kann es nun in die Praxis gehen.

Ein Gartenplan

Trotz aller naturgemäßen Langmut – im Nutzgarten muß der Gärtner den Überblick behalten. Eine gewisse Ordnung muß sein, damit Fruchtfolge und Mischkultur nicht durcheinander geraten. Ringelblumen am Beetrand und Sonnenblumen am Zaun werden schon dafür sorgen, daß auch die Gemüsekulturen in heiterer Atmosphäre gedeihen.

Der Bio-Gärtner sollte sich in den ruhigen Wintermonaten einen einfachen Plan aufzeichnen, der alle Gartenbeete enthält. Darauf werden jedes Jahr die wechselnden Kulturen eingetragen. So kann eine günstige Reihenfolge immer eingehalten werden.
In einem neuen Garten können Beete und Wege von Anfang an praktisch und übersichtlich eingeteilt werden. Die normale Beetbreite, die sich gut bearbeiten läßt, beträgt 1,20 m. Zwischen den einzelnen Kulturflächen sollten saubere Wege abgegrenzt werden, die 30–50 cm breit sein können. Bedenken Sie, daß Sie auch mit Erntekörben und Schubkarren voll Kompost an die Beete herankommen müssen! Die einfachsten Wege werden mit den Füßen festgetreten. Als Trittfläche können Bretter dienen. Dauerhaft und leicht zu reinigen sind

Nach dem Vorbild alter Bauerngärten: Ein Rondell und regelmäßige Beeteinteilung.

Wege aus Ziegelsteinen oder Betonplatten, die nur in ein Sandbett verlegt werden.
Zu einem ausgewogenen Bio-Gartenplan gehört natürlich auch ein leicht zugänglicher Platz für Kompost und Jauchetonnen. Am besten wird er im hinteren Teil des Gartens, abgeschirmt durch Sträucher oder hohe Sonnenblumen, angelegt.

Vorbereitung der Beete

Der Herbst ist die günstigste Zeit, um die Erde für ein neues, fruchtbares Gartenjahr vorzubereiten. Wer diesen Zeitpunkt verpaßt, der kann auch im zeitigen Frühling noch Kompost und Dünger verteilen.
Alle Beete werden nach der Ernte, wenn auch die Sommerblüte welkt, vom Unkraut gesäubert und gründlich gelockert, so wie es im Kapitel »Umgraben? Nein danke!« auf Seite 39 beschrieben ist. Dabei sollte der Bio-Gärtner stets sorgfältig darauf achten, daß die natürliche Bodenschichtung erhalten bleibt.
Anschließend wird auf allen freien Flächen Kompost verteilt. Im Herbst darf es Grobkompost sein, der sich im Lauf der nächsten Monate noch zersetzt. Im Frühling, kurz vor der Aussaat, muß der Kompost reif und vererdet sein.
Der nahrhafte, selbst erzeugte Humus wird etwa 2 Finger dick ausgestreut und dann nur leicht mit einer Harke oder einem Grubber in die oberste Bodenschicht eingearbeitet. Dieser lockere Kontakt genügt, um lebhafte Beziehungen zwischen der Gartenerde und dem Kompost herzustellen.
Überall dort, wo im nächsten Jahr anspruchsvolle Gemüsearten oder Blumen wachsen sollen, streut der Bio-Gärtner zusätzlich noch einen langsam wirkenden organischen Dünger aus, zum Beispiel Oscorna. Diese Nährstoffquellen erschließen die Bodenlebewesen dann, bis sie im Frühling gebraucht werden. Auch dieser Dünger wird leicht in die Erde eingearbeitet. Zum Schluß deckt der Bio-Gärtner alle freien Flächen mit einer Mulchdecke aus Laub, Gras oder zerkleinertem Unkraut zu.
Wer gegen Sommerende noch einen neuen Garten übernimmt, hat im Herbst natürlich noch keinen Kompost zur Verfügung. Setzen Sie dann alle organischen Abfälle noch in einer Miete auf, und säen Sie alle gelockerten Flächen mit einer rasch wachsenden Gründüngung ein. Wenn die Blätter abfrieren, bleiben sie als Mulchdecke liegen. Bis zum Frühling findet der Bio-Gärtner darunter schon lockeren Boden und eine erste Humusschicht vor.
Im Frühling wird von allen Beeten der Rest der Mulchdecke abgezogen. Die krümelige Erde darunter braucht der Gärtner höchstens noch einmal mit einem Grubber durchzuziehen. Dann wird die Oberfläche mit dem Rechen glatt geharkt und liegt bereit für die ersten Samenkörner und Pflanzen.

Aussaat unter Glas und Folie

Der Frühling zeigt in unseren Breiten oft noch wochenlang die kalte Schulter. Samenkörner aber brauchen Wärme zum Keimen. Zu allen Zeiten haben deshalb kluge Gärtner versucht, dem Wetter auf die Sprünge zu helfen, um früher frische Vitamine ernten zu können. Eine schützende Hülle

Torf- und Plastiktöpfe für die warme Aussaat.

Mini-Gewächshaus für Blumen und Tomaten.

über Saat- und Pflanzbeeten kann eine feuchtwarme Atmosphäre erzeugen, in der das erste zarte Grün gedeiht.

Das gute alte Frühbeet ist für diesen Zweck immer noch bestens geeignet. Handwerklich geschickte Bio-Gärtner können es selber bauen. Die Konstruktion besteht aus einem Holzrahmen mit aufgelegten Fenstern. Die Rückwand muß etwas höher gearbeitet sein, damit die Abdeckung schräg verläuft. Glasfenster sind schwer und können schnell beschädigt werden. Leicht und praktisch sind Plexiglas oder Holzrahmen, die mit Plastikfolie bespannt werden. Im Handel gibt es außerdem zahlreiche gut konstruierte Frühbeet-Modelle zu kaufen.

Der warme Kasten sollte möglichst nach Süden gerichtet sein, damit der Bio-Gärtner die Sonne als Wärmespender ausnutzen kann. Die Fenster müssen zum Lüften hochgestellt werden können. Dazu genügt schon ein einfacher Holzkeil.

Eine zusätzliche »Fußbodenheizung« kann ein Bio-Gärtner ins Frühbeet einbauen, wenn er die Erde im Kasten 40–60 cm tief aushebt und im Februar bei offenem Wetter 20–30 cm hoch frischen Pferdemist einfüllt. Dieser Dünger, der rasch Hitze entwickelt, wird festgetreten und mit einer 20 cm dikken Schicht aus gutem Gartenhumus abgedeckt. Eine solche Mistbeetpakkung wärmt die Erde und sorgt so für ideale Keimbedingungen.

Leicht zu handhaben und beweglich sind die modernen Folientunnel. Auch hier kann der Bio-Gärtner zwischen »Eigenbau« und fertigen Produkten wählen. Ein paar Rundbögen aus festem Draht oder Eisen werden einfach in die Erde gesteckt und mit Plastikfolie überspannt. An den Seiten legt der Gärtner Bretter und Steine auf die leichte Folienhaut, damit sie nicht weggeweht wird. Unter dem schützenden Glas- oder Plastikdach können schon ab Ende Februar oder Anfang März Salat, Radieschen, Kohlrabi und die ersten Kräuter ausgesät werden. Sie wachsen in der feuchtwarmen Treibhaus-Atmosphäre rasch und liefern nach der langen Winterzeit die erste frische, vitaminreiche Gartenernte. Natürlich können im geschützten Beet auch wärmebedürftige Sommerblumen und Gemüse angezogen werden.

Die wichtigsten Arbeiten

Wer glücklicher Besitzer eines Kleingewächshauses ist, kann unter besonders günstigen Bedingungen seine Pflanzen vorkultivieren. Aber es geht auch einfacher: Mit Liebe und Sorgfalt läßt sich ein Pflanzen-Kindergarten auch auf der Fensterbank einrichten. In Schalen, Kistchen und Töpfen keimen dort schon ab März Paprikapflanzen, Tomaten, Fleißige Lieschen, Basilikum und viele andere Gewächse, die bis Mai noch vor Kälte geschützt werden müssen.
Der Bio-Gärtner muß aber seine Frühkulturen stets sorgfältig im Auge behalten. Die Märzsonne brennt manchmal schon heiß vom wolkenlosen Himmel. Dann entstehen unter Glas und Folie rasch gefährlich hohe Temperaturen, die die zarten jungen Blättchen verbrennen. An sonnigen Tagen müssen deshalb Frühbeet und Folientunnel gelüftet werden. Am Nachmittag schließt der Gärtner wieder zeitig alle »Luftlöcher«. So bleibt die Wärme des Tages noch für die kühlen Nächte erhalten.
Die Pflanzen und Aussaaten »unter Dach« müssen immer sorgfältig feucht gehalten werden. Gegossen wird am besten in den Morgenstunden. In der heißen Mittagszeit darf kein Wassertropfen auf die Blätter fallen, sonst gibt es Verbrennungsschäden! Feuchtigkeit gegen Abend ist gefährlich, weil in den kühlen Nächten nasses Grün von Fäulnis bedroht ist.
Die Mühe, die der Bio-Gärtner sich mit seinen Frühlingsdelikatessen geben muß, lohnt sich aber. Der erste Salat schmeckt herrlich frisch und knusprig. Es ist ein Vergnügen, in die saftig roten Radieschenkugeln zu beißen. Die gesunde Ernte aus dem eigenen Garten ist nach langen Wintermonaten ein unvergleichliches Erlebnis.

Säen im Freiland

In milden Landschaften kann der Bio-Gärtner schon ab März die ersten Freilandaussaaten wagen. In rauhem Klima muß er noch ein wenig warten, bis der Boden wieder frostfrei und etwas angewärmt ist. Spinat, Möhren und Petersilie sind nicht kälteempfindlich. Wenig später folgen Erbsen, Dicke Bohnen und Zwiebeln.
Als wichtige Faustregel sollte der Bio-Gärtner sich merken: Schwere, lehmige Böden dürfen erst bearbeitet werden, wenn sie abgetrocknet sind. Nasse Erde wird unter jedem Schritt zusammengedrückt und verklebt. Durch Ungeduld zerstört der Gärtner im Frühling mehr, als er gewinnen kann. In leichten Sandböden trocknet die Feuchtigkeit des Winters schneller ab; diese Gärten können oft früher bearbeitet werden.
Ohne ein Mindestmaß an Wärme keimen keine Samenkörner. Es ist des-

So werden Stangenbohnen ausgesät.

halb besser, wenn der Bio-Gärtner ein paar sonnige Frühlingstage abwartet. Pflanzen, die etwas später bei warmer Witterung in die Erde kommen, wachsen harmonischer und rascher als solche, die früh gesetzt wurden, aber tagelang unter naßkalten Füßen leiden mußten.

Beim Säen und Pflanzen sollte sich der Bio-Gärtner immer an die Beet-Einteilung auf seinem Gartenplan halten. Außerdem ist es wichtig, die richtigen Zwischenräume einzuhalten. Auf den Samentüten sind die günstigsten Aussaatzeiten und die Abstände meist genau angegeben. Wichtige Hinweise finden Sie auch auf den folgenden Seiten.

Gerade Reihen bekommt der Bio-Gärtner, wenn er zwischen zwei Rundhölzern eine Gärtnerschnur spannt. Mit dem Stiel des umgedrehten Rechens zieht er die Rillen für die Samenkörner. Sie werden mit reifem, feingesiebtem Kompost ausgefüttert. Die Samen dürfen nicht zu dicht ausgestreut werden, sonst bekommen die Jungpflanzen später keine Luft. Sie treten sich gegenseitig »auf die Füße«. Zum Schluß zieht der Bio-Gärtner die Saatreihen mit dem Rücken des Rechens vorsichtig zu und gießt mit sanfter Brause an. Von nun an muß die Saat gleichmäßig feucht gehalten werden. Mancher Mißerfolg bei der Frühlingsaussaat entsteht ganz einfach durch Vergeßlichkeit: Wenn die keimenden Körner eintrocknen, war alle Mühe vergebens!

Pflanzen und pflegen

Im April und Mai werden die selbstgezogenen und die beim Gärtner gekauften Setzlinge an Ort und Stelle

Frühjahrsbeet mit Saatschnur.

verpflanzt. Bei der eigenen Anzucht ist es wichtig, die zarten Keimlinge einmal zwischendurch zu pikieren, das heißt, sie einzeln in kleine Töpfe zu setzen. Dort entwickeln sie dann einen kräftigen Wurzelballen.

Robuste Gewächse, wie Kohl, Kartoffeln, Salat und Lauch, behaupten sich schon ab April im Freiland. Südländer, wie Tomaten, Paprika und Gurken, ziehen erst in der zweiten Maihälfte in den Garten um.

Einen guten Start gibt der Bio-Gärtner seinen Gewächsen, wenn er die Pflanzlöcher mit reifem Kompost füllt. Auch Steinmehl verbessert die Grundlage, auf der die jungen Pflanzen gedeihen. Wer mit stark verdünnter Brennessel-Jauche angießt, sorgt ebenfalls für gesunde Wachstumsbedingungen.

Die Pflanzlöcher kann der Bio-Gärtner mit einem runden Pflanzholz in den Boden bohren. In weicher Erde ist aber die Hand immer das beste und gefühlvollste Arbeitsgerät des Gärtners. Mit den Fingern kann er am besten spüren, ob die Wurzeln genug Platz haben und ob die Erde zum Schluß richtig angedrückt ist. Gießen Sie reichlich an, damit die jungen Pflanzen nicht »schlapp machen«. Während der kommenden Wochen sollte der Bio-Gärtner die wichtigsten Pflege-Arbeiten möglichst regelmäßig durchführen: Mit abgestandenem, temperiertem Wasser gießen, Mulchmaterial auslegen, lange Zweige hochbinden und welke oder kranke Blätter entfernen. Wer täglich einmal durch die Beete geht, der hat nur wenige Handgriffe nötig; wer die Arbeit auflaufen läßt, der muß sich schon nach einigen Wochen einen mühsamen Weg durch grüne Wildnis bahnen. In den Monaten Mai und Juni entwickeln sich Kulturpflanzen und Unkräuter außerordentlich üppig. In dieser Zeit muß der Bio-Gärtner besonders darauf achten, daß ihm sein Garten nicht über den Kopf wächst!

Eine kräftige Jungpflanze wird versetzt.

Ernten und aufbewahren

Frühling und Sommer dauern nur ein paar Monate lang. Die andere Hälfte des Jahres ist meist naß, kalt und grau. Von November bis März gibt es kaum frische Gemüse und kein Obst aus dem eigenen Garten. Für diese langen Wochen muß der Gärtner rechtzeitig vorsorgen. Es lohnt sich, die guten Erzeugnisse aus dem Bio-Garten auch sorgfältig haltbar zu machen. Dafür bieten sich mehrere Methoden an. Modern und empfehlenswert ist das Einfrieren. Zahlreiche Gemüse- und Obstarten lassen sich ausgezeichnet unter »Eskimobedingungen« lagern. Diese Methode schont vor allem die Vitamine.
Aber auch das Einkochen hat seine Vorteile: Manche Obstsorten schmekken aus dem Glas aromatischer als aus dem Gefrierschrank. Vor allem aber sind selbstgekochte Marmeladen unentbehrlich. In Gläsern mit Vakuum-Verschluß sind sie gut aufgehoben. Das langwierige Sterilisieren wird überflüssig.
Wurzelgemüse bewahrt der Bio-Gärtner entweder in einem Frühbeet-Einschlag oder im Keller auf. Der Frühbeetkasten muß zu diesem Zweck vor Kälte geschützt werden. Strohmatten über den Fenstern und eine dicke Laubschicht an den Außenwänden halten warm. Da die meisten modernen Keller zu trocken und zu warm sind, müssen Möhren, Sellerie, Rote Beete und Meerrettichwurzeln in Kisten mit feuchtem Sand oder Torf eingeschlagen werden.
Kohlköpfe kann der Bio-Gärtner an den Strünken festbinden und kopfunter aufhängen. Äpfel und Birnen werden sorgfältig auf luftigen Holzrosten ausgebreitet. Zwiebeln und Knob-

lauch brauchen einen trockenen Lagerraum.
Empfehlenswert sind auch die Konservierungsmethoden aus Großmutters Zeiten: das Einlegen in Steinguttöpfen. Weißkohl wird hier zu Sauerkraut; auch Bohnen können mit Salz eingestampft werden. Gurken, Rote Bete und Kürbisse bleiben in würziger Essig-Brühe haltbar. Kräuter, Bohnen, Äpfel, Birnen und Pflaumen können auch getrocknet überwintern.
Rezepte und genaue Arbeitsanleitungen für die verschiedenen Konservierungsmethoden kann der interessierte Bio-Gärtner in Büchern nachlesen, die sich speziell mit diesem Thema beschäftigen. Einen wichtigen Grundsatz aber sollte er sich für jede Vorratshaltung merken:
Nur einwandfreies, gesundes Obst und Gemüse bleibt längere Zeit haltbar. Deshalb muß die Ernte besonders sorgfältig behandelt werden. Ziehen Sie Ihre Möhren und Rote Bete vorsichtig aus der Erde, und achten Sie darauf, daß die Äpfel nicht auf den Boden fallen und braune Druckflecken bekommen. Diese Mühe lohnt sich, weil der Gärtner mit seiner Familie noch lange von den gesunden Früchten seines Gartens leben kann. In der Winterzeit tragen solche gehaltvollen Nahrungsmittel viel dazu bei, die Widerstandskräfte zu stärken.

Kräuter und Zwiebeln werden getrocknet.

Gesunde Vorräte aus dem Bio-Garten.

Salate sind unentbehrlich

Das Gartenjahr beginnt im Frühling mit dem ersten zarten Kopfsalat und endet im Winter mit kernigem Feldsalat. Ein geschickter Gärtner, der Wert auf gesunde, vitaminreiche Kost legt, kann zwölf Monate lang ununterbrochen immer neue Salatsorten ernten. Er muß nur rechtzeitig an die Aussaat denken. Auch für einen Bio-Gärtner ist es nicht schwer, das komplette Salat-ABC zu erlernen. Gerade für Anfänger sind diese anspruchslosen »Mitläufer« im Garten leicht groß zu ziehen.
Alle Salate gedeihen gut in zweiter Tracht. Sie benötigen keine starke Düngung und beanspruchen nicht einmal ein eigenes Beet. Ein paar Köpfe Sommersalat oder Endivien können überall dort gepflanzt werden, wo gerade eine Lücke entstanden ist.
Pflück- und Schnittsalat sind mit dem Beetrand zufrieden und bilden dort eine ebenso hübsche wie nützliche Einfassung.

Kopfsalat gedeiht am besten an einem sonnigen Platz. Pflanzen Sie ihn mit 25 cm Abstand in der Reihe. Die Frühlingssorten, wie zum Beispiel 'Maikönig', sind zart wie Butter. Sie werden von März bis April ausgesät. Von April bis Mai sind die Sommersalate, wie zum Beispiel 'Attraktion', an der Reihe. Sie besitzen festere Blätter und schießen bei Hitze nicht so schnell. Im Herbst wird der Wintersalat ausgepflanzt, der im nächsten Frühling als erster erntereif ist.
Dünger: Kompost und Brennessel-Jauche.
Pflanzenschutz: Jungpflanzen vor Schnecken schützen (siehe Seite 65).
Mischkultur: Radieschen, Kohlrabi, Erdbeeren, Kohl, Tomaten, Zwiebeln, Bohnen.

Pflücksalat in grünen und roten Sorten.

Pflück- und Schnittsalat ist besonders empfehlenswert für kleine Gärten. Er bildet keine Köpfe und wird in Reihen ausgesät. Die Blätter können mehrmals geschnitten oder gepflückt werden. Die Erntezeit dauert Wochen, manchmal Monate lang. Säen Sie mehrmals in Abständen kleine Mengen aus. Dann überbrückt dieser praktische, haltbare Salat jede Pause zwischen den übrigen Salatarten. Im Handel gibt es grüne, rotbraune und rotblättrige Sorten.
Dünger: Kompost und Brennessel-Jauche.
Pflanzenschutz: Junge Aussaaten vor Schnecken schützen (siehe Seite 65).
Mischkultur: Tomaten, Radieschen, Rettich, Schwarzwurzeln, Rote Beete, Spargel, Fenchel, Kohl.
Eissalat ist ein knuspriger Sommersalat mit großen Köpfen. Er verträgt viel Hitze und bleibt im Eisschrank lange frisch.
Dünger: Mehr Brennessel-Jauche als bei Kopfsalat, regelmäßig gießen.
Pflanzenschutz: Wie Kopfsalat.
Mischkultur: Wie Kopfsalat.

Junger Zuckerhut.

Der Eissalat bildet dicke, knusprige Köpfe.

Zuckerhut gehört zu den Zichoriensalaten, die eine typische, lange Pfahlwurzel bilden. Er wird im Juni direkt an Ort und Stelle gesät und später ausgelichtet. Der Zuckerhut bildet spitze Köpfe und reift erst im Spätherbst. Dieser herbe Wintersalat verträgt einige Grad Frost.
Dünger: Kompost, Pflanzen-Jauche und ein wenig organischen Dünger.
Pflanzenschutz: Wühlmaus-Schutz.
Mischkultur: Fenchel.

Radicchio oder Roter Zichoriensalat ist ein winterharter Salat, der von Mitte Mai bis Mitte Juni ausgesät wird. Im Herbst schneidet der Gärtner die länglichen, grünen Blätter ab. Erst dann bildet sich eine Rosette von rotbrauner Farbe. Von Dezember bis zum Frühling kann der würzige Salat im winterlichen Garten geerntet werden.
Dünger: Kompost, Pflanzen-Jauche, nach Bedarf ein wenig organischer Dünger.
Pflanzenschutz: Wühlmaus-Schutz.
Mischkultur: Winterkohl.

Endivien gehören zu den beliebten späten Salatsorten. Im Nachsommer reift die Sommerendivie, die auch Römischer Bindesalat genannt wird. Von Herbst bis Winteranfang sind die krausen Winterendivien erntebereit. Aussaatzeit ist der Juni. Zum Bleichen dürfen die Köpfe nur bei trockenem Wetter zusammengebunden werden, sonst faulen sie.
Dünger: Kompost, Steinmehl, Pflanzen-Jauche.
Pflanzenschutz: Gegen Frost mit Folien abdecken.
Mischkultur: Kohl, Lauch, Fenchel.

Feldsalat ist der wichtigste und vitaminreichste Wintersalat. Von August bis September kann er auf alle freien Beete gesät werden. Bei Reihensaat mit 10–15 cm Abstand kann der Gärtner besser Unkraut zupfen und mulchen. Es gibt breitblättrige Sorten und solche mit kleinblättriger Rosette.
Dünger: Kompost.
Pflanzenschutz: Keine Probleme wegen der späten Jahreszeit.
Mischkultur: Winterzwiebeln.

Gemüseauswahl für den Anfang

Je abwechslungsreicher die Gemüseauswahl in einem Garten zusammengestellt wird, desto besser für die Mischkultur, desto gesünder für den Gärtner und seine Familie! Der Bio-Garten-Anfänger sollte aber nicht gleich alles auf einmal probieren. Wenn er erst einmal die wichtigsten Gemüse mit ihren Eigenarten kennengelernt hat, wird er von Jahr zu Jahr neue Experimente wagen können. Es ist immer gut, wenn man auf einen langsam gewachsenen Erfahrungsschatz zurückgreifen kann. Ausflüge in das Reich exotischer Delikatessen kann man später noch unternehmen. Aus der großen Fülle der wichtigsten Gemüsearten ist hier eine Auswahl »quer durch den Garten« zusammengestellt. Der Bio-Gärtner sollte beim Ausprobieren nicht nur »Gebrauchsanweisungen« benutzen, sondern das Wachsen und Blühen in seinem Garten aufmerksam beobachten. Denn im lebendigen Naturkunde-Unterricht unter freiem Himmel lernt er mehr von den biologischen Gesetzen als irgendwo sonst. Die Biologie ist nämlich die Lehre vom Leben!

Spinat ist ein gesundes Blattgemüse, das besonders viel Vitamine und Eisen enthält. Er gedeiht gut in humusreichen, feuchten Böden. Die üppigen, grünen Blätter können zwischen anderen Pflanzen als lebendige Mulchdecke benutzt werden. Spinat wird im Frühling von März bis Mai und im Spätsommer von August bis Ende September ausgesät. Die späten Aussaaten sind winterhart und können im Frühling geerntet werden. Spinat muß immer frisch und jung gepflückt werden. Deshalb sollten Sie ihn öfter nachsäen. Er eignet sich gut als Lückenbüßer.

Dünger: Kompost und Steinmehl, wenig organische Dünger, zum Beispiel Horn-Blut-Knochenmehl. Vorsicht vor zu viel Stickstoff!
Pflanzenschutz: Mehltauresistente Sorten wählen.
Mischkultur: Kohl, Tomaten, Stangenbohnen, Erdbeeren, Rote Bete.

Mangold gehört ebenfalls zu den Blattgemüsen. Es gibt Blattmangold und Rippenmangold, die ähnlich wie Spinat zubereitet werden. Beide Sorten sät man im April mit 30–40 cm Abstand direkt ins Freiland. Spätere Aussaaten sind bis Juli möglich. Diese sind sogar winterhart, wenn sie mit einer Laubdecke geschützt werden. Mangold kann über lange Zeit geerntet werden. Wenn das »Herz« der Pflanzen erhalten bleibt, wachsen die Blätter nach.
Dünger: Kompost, etwas organischer Dünger.
Pflanzenschutz: Luftiger Stand hilft gegen Mehltau; nicht zu dicht mulchen wegen Fäulnisgefahr.
Mischkultur: Möhren, Kohl, Radieschen.

Erbsen sind Mitglieder der Schmetterlingsblütler-Familie. Sie entwickeln, ähnlich wie viele nützliche Gründüngungspflanzen, Stickstoffknöllchen an ihren Wurzeln. Da sie ihre eigene »Düngerfabrik« besitzen, sind die Erbsen sehr anspruchslos. Auch gegen Kälte sind sie nicht empfindlich. Hochwachsende Erbsensorten brauchen eine Kletterhilfe aus Maschendraht oder Reisig.
Palerbsen haben glatte, runde Körner, die später mehlig werden. Sie können schon ab März gesät werden.
Markerbsen sind süß und zart, solange sie jung sind. Zuckererbsen

müssen geerntet werden, solange die Schoten weich und die Erbsen klein sind. Sie werden mit der Schale gekocht. Mark- und Zuckererbsen sät man im April.
Legen Sie die Körner 5 cm tief in Reihen mit etwa 40 cm Abstand.
Dünger: Kompost, Steinmehl, eventuell Holzasche; niemals Stickstoff!
Pflanzenschutz: Freier, sonniger Stand schützt vor Krankheiten; Stickstoffdüngung macht Erbsen anfällig; gegen den Erbsenwickler, der die Schoten anbohrt, helfen im Notfall Pyrethrum-Präparate.
Mischkultur: Gurken, Möhren, Salat, Kohl, Fenchel.

Reiche Wachsbohnen-Ernte durch Mischkultur.

Bohnen gehören wie die Erbsen zu den Schmetterlingsblütlern und zu den Hülsenfrüchten. Es gibt sehr unterschiedliche Bohnenarten, die für jede Gartengröße und für jedes Klima etwas Passendes zu bieten haben. Alle Bohnen sind anspruchslos in der Ernährung, die meisten brauchen aber mehr Wärme als Erbsen.
Buschbohnen gibt es in grünen und gelbfrüchtigen Sorten. Sie werden im Mai und im Juni ausgesät. Legen Sie die dicken Körner nur 2–3 cm tief, denn Bohnen wollen »die Glocken läuten hören«! Die Reihen brauchen etwa 40 cm Abstand. Buschbohnen werden laufend frisch gepflückt. Sie eignen sich für Gemüse, Salat und Suppen. Man kann sie einkochen, einfrieren, trocknen und einsalzen.
Stangenbohnen sind etwas anspruchsvoller. Vor allem brauchen sie hohe Kletterstangen, die sturmsicher verankert werden müssen. Die Bohnenkörner werden im Kreis um die Stangen ausgesät. Sorgen Sie dafür, daß Ihre Stangenbohnen immer genügend Feuchtigkeit haben in der Wachstumszeit. Vorsicht: Rohe Bohnen sind giftig! Achten Sie darauf, daß Kinder die Schoten nicht pflücken. Beim Kochen wird der giftige Stoff Phasin zerstört. Dann sind die Früchte gesund und genießbar.
Feuerbohnen oder Wollbohnen sind die bescheidensten Mitglieder der Familie. Sie gedeihen auch in rauhen Landschaften ohne Probleme. Diese hochrankenden Bohnen können als Sichtschutz an Zäunen ausgesät werden. Sie tragen hübsche, feuerrote, manchmal auch weiße Blüten und bringen lange kräftige Schoten. Feuerbohnen müssen jung geerntet werden, ehe sie hart und »wollig« werden. Die Körner können Sie für den Wintervorrat und für neue Aussaaten trocknen.
Puffbohnen oder Dicke Bohnen sind ebenfalls »harte Burschen«, die schon im März ins Freiland gesät werden. Je früher desto besser! Die Reihen brauchen 40 cm Abstand, zwischen den einzelnen Pflanzen sollen 20–25 cm Platz bleiben. Lassen Sie die dicken Samen vorher in Wasser aufquellen. Dicke Bohnen gedeihen auch noch auf schweren, lehmigen Böden. Ihre Wurzeln dringen tief in die Erde und

helfen, den Untergrund zu lockern.
Dünger: Kein Stickstoff! Buschbohnen und Puffbohnen brauchen nur Kompost. Stangenbohnen und Feuerbohnen können etwas organischen Dünger (ohne Stickstoff) vertragen.
Pflanzenschutz: Bohnenkraut als Mischkultur schützt Buschbohnen vor Läusen; um junge Bohnen Sägemehl streuen als Schutzwall gegen Schnekken. Dicke Bohnen sind anfällig für schwarze Läuse; frühe Aussaaten und luftiger weiträumiger Stand schützen vor starkem Befall. Kneifen Sie die Spitzen, die besonders von Läusen befallen werden, heraus. Bohnen-Mosaikvirus kann nicht direkt behandelt werden. Er wird durch Blattläuse übertragen. Achten Sie auf gesundes Saatgut und versuchen Sie, die Läuse in Grenzen zu halten.
Mischkultur: Tomaten, Gurken, Kohl, Salate, Sellerie, Rote Beete für Buschbohnen; Tomaten, Gurken, Kapuzinerkresse, Kohl für Stangenbohnen; Salat und Kohlrabi für Puffbohnen.

Zwiebeln gehören zu den gesündesten Gemüsearten. Sie sind Nahrung, Arznei und Gewürz zugleich. Im Garten zählen sie zu den anspruchslosen Pflanzen, die in zweiter Tracht gedeihen. Frischer, stickstoffhaltiger Dünger schadet den Zwiebeln und übt einen schlechten Einfluß auf die Haltbarkeit aus.
Ab Mitte Mai können gelbe und rote Zwiebelsorten aus Samen ausgesät werden. Die Reihen benötigen 20 cm Abstand. Später müssen die jungen Zwiebelchen auf 5–10 cm Zwischenraum vereinzelt werden. Die zarten weißen Frühlingszwiebeln werden im August ausgesät. Sie brauchen nur 3 cm Abstand.
Im April werden Steckzwiebeln und

Gelbe und rote Steckzwiebeln.

Schalotten gesetzt. Sie benötigen einen Reihenabstand von 20–25 cm und 10 cm Zwischenraum zwischen den einzelnen Zwiebeln. Aus Steckzwiebeln wachsen große Einzelzwiebeln; Schalotten bilden ein Nest mit vielen mittelgroßen Zwiebeln.
Alle Zwiebeln lieben ein sonniges Beet und lockere Erde mit gutem Wasserabzug. Sie sind reif, wenn das röhrenförmige Laub von selber gelb wird und sich umlegt. Ernten Sie Zwiebeln bei sonnigem Wetter. Sie müssen an einem trockenen, luftigen Ort gelagert werden.
Dünger: Kompost, je nach Bodenzustand etwas kalihaltige Holzasche; kein Stickstoff!
Pflanzenschutz: Mischkultur mit Möhren schützt vor der Zwiebelfliege.
Mischkultur: Möhren, Zichoriensalate, Kopfsalat, Gurken, Erdbeeren, Dill, Bohnenkraut.

Lauch ist ein würziges Wintergemüse, das in keinem Garten fehlen sollte. Er ist mit den Zwiebeln verwandt, stellt aber größere Ansprüche an die Ernährung. 2 Aussaaten sind empfehlenswert: von März bis April

ins Frühbeet und von Mai bis Juni ins Freiland. Die frühen Pflanzen können im Spätsommer geerntet werden, die späten liefern wertvolles Wintergemüse. Setzen Sie die schlanken Lauchpflänzchen mit 15 cm Abstand in tiefe Rillen. Zwischen den Reihen muß 20–30 cm Platz bleiben. Die Furchen werden im Laufe des Sommers zugeharkt; um die Lauchpflanzen wird die Erde angehäufelt. So entstehen schöne weiße Schäfte. Sorgen Sie immer für genügend Feuchtigkeit.
Dünger: Kompost und organischer Dünger, zum Beispiel Rinder- oder Schweinemist. Während der Wachstumszeit mehrmals mit Brennessel-Jauche düngen.
Pflanzenschutz: Der Lauchmotte, die Fraßgänge in die Pflanzen bohrt, beugen Sie durch Streuen von Steinmehl und Schachtelhalm-Spritzungen vor. Kranke Pflanzen müssen stark zurückgeschnitten werden; sie treiben dann wieder gesund durch.
Mischkultur: Möhren, Sellerie, Tomaten, Salat. Kohl, Erdbeeren.

Sellerie zählt zu den gesunden Wurzelgemüsen. Er braucht nährstoffreichen, feuchten Boden, wenn er dicke Knollen bilden soll. Pflanzen können Sie nur im warmen Frühbeet oder im Gewächshaus vorziehen. Einfacher ist es, sie beim Gärtner zu kaufen. Sellerie darf erst nach den Eisheiligen, gegen Mitte Mai, ausgepflanzt werden. Er wird sehr flach gesetzt und darf anfangs ruhig etwas »wackeln«. Tief im Boden bildet der Sellerie keine guten Knollen! Die einzelnen Pflanzen brauchen ringsum 40 cm Abstand zum Nachbarn.
Sellerie wird erst spät im Herbst geerntet. Für die Winterzeit bewahren Sie die vitamin- und mineralstoffreichen Knollen im Keller oder im Frühbeet-Einschlag auf.

So schön sieht ein gesunder Lauch aus.

Dünger: Kompost und Mist oder Horn-Blut-Knochenmehl. Sellerie liebt Kali, geben Sie deshalb Holzasche oder getrockneten Rinderdung (»California«); auch Steinmehl und Algenkalk sind gut für gesundes Wachstum. Spezialität für den Sellerie, der von salzigen Küstenböden stammt: etwas Kochsalz in Wasser aufgelöst an die Wurzeln gießen.
Pflanzenschutz: Ackerschachtelhalm-Spritzungen vorbeugend gegen Pilzkrankheiten, wie zum Beispiel Sellerierost.
Mischkultur: Lauch, Buschbohnen, Blumenkohl, Tomaten.

Möhren und Karotten dürfen in keinem Bio-Garten fehlen. Dieses Wurzelgemüse ist für Kinder und Erwachsene gesund. Möhren brauchen tiefgründigen, lockeren Boden, der niemals frisch gedüngt sein darf. Schon ab März können Sie die Samen von Karotten und frühen Möhren ins Freiland säen. Späte Wintermöhren kommen von Ende Mai bis Ende Juni in die Erde.

Gemüseauswahl für den Anfang

In lockerem Humus wachsen gerade Möhren.

Rote Bete sind besonders gesund.

Da Möhren langsam keimen, sollten Sie zur Markierung der Reihen ein paar Radieschenkörner »einschmuggeln«. Die Rillen werden 3 cm tief gezogen mit 20 cm Abstand. Später müssen zu dicht stehende Möhren ausgezupft werden. Die Saat sollte gleichmäßig feucht gehalten werden. Möhren, die nicht frisch verwendet wurden, können im späten Herbst im Keller oder im Frühbeet eingeschlagen werden.
Dünger: Kompost und etwas Brennnessel-Jauche im Sommer.
Pflanzenschutz: Mischkultur mit Lauch und Zwiebeln schützt vor der Möhrenfliege. Auch freier, etwas windiger Stand und genügend Abstand beugen diesem Schädling vor. Der Flugzeit der Fliege gehen Sie durch sehr frühe Aussaaten im März und durch späte Saat im Juni aus dem Weg.
Mischkultur: Zwiebeln, Lauch, Erbsen, Tomaten, Zichoriensalat, Schnittsalat, Radieschen, Mangold.

Rote Bete sind ebenso gesund wie anspruchslos. Sie gedeihen auch auf halbschattigen Beeten. Ab April säen Sie in Reihen mit 25 cm Abstand alle 10 cm nur 2 Körner aus. Zu dicht gesäte Pflanzen lassen sich auch später versetzen.
Bei der Ernte müssen Sie sehr darauf achten, daß die roten Kugeln nicht verletzt werden, sonst läuft der kostbare Saft aus. Die vitaminreichen Rote Bete können wie Sellerie und Möhren eingeschlagen oder süß-sauer im Steintopf eingelegt werden.
Dünger: Kompost, im Sommer etwas Pflanzen-Jauche mit Beinwell.
Pflanzenschutz: Keine besonderen Probleme.
Mischkultur: Buschbohnen, Kohlrabi, Pflücksalat, Gurken, Erbsen.

Kohl gehört zu einer deftigen Gemüsefamilie mit sehr unterschiedlichen Mitgliedern: Rotkohl, Weißkohl, Wirsing, Grünkohl, Blumenkohl, Rosenkohl, Brokkoli, Chinakohl und die zar-

ten Kohlrabi zählen dazu. Kohlrabi können, ähnlich wie Salat, überall als Nebenkultur »mitlaufen«. Sie stellen keine besonderen Ansprüche.
Die großen Kohlarten gehören dagegen zu den anspruchsvollen Starkzehrern. Dafür liefern sie dem Gärtner später reichlich Vitamine und kostbare Mineralsalze. Alle Kohlarten können Sie leicht im Frühbeet oder im Freiland aussäen: Frühkohlsorten wie Blumenkohl, Spitzkohl und Butterkohl im März, Spätkohlsorten wie Rosenkohl, Weißkohl, Rotkohl und Wirsing im April. Setzen Sie die Pflanzen möglichst tief mit 50 × 50 cm Abstand ringsum. Nur die späten Kohlsorten lassen sich für den Winter einlagern.
Brokkoli wird mit den Spätkohlsorten ausgesät und Ende Mai bis Anfang Juni aufs Beet gepflanzt. Die grünen »Blumen« können monatelang geerntet werden, denn dieser Kohl treibt immer wieder neue, zarte Sprosse.
Grünkohl ist der bescheidenste in der Familie. Er wird erst im Mai oder Juni ausgesät und von Juni bis August auf abeerntete Beete gepflanzt.
Chinakohl ist eine Kurztagspflanze mit rascher Entwicklung. Er wird erst im Juli ausgesät. Wie der Brokkoli verträgt dieser zarte Kohl durchaus einige Grad Frost. Ganz winterhart sind dagegen Grünkohl und Rosenkohl. Diese Gemüse schmecken erst gut, wenn sie Frost abbekommen haben. Die großen Kohlköpfe sind zwar sehr gesund, sie beanspruchen aber im kleinen Garten zu viel Platz. Wer sparsam mit der vorhandenen Fläche umgehen muß, der sollte aus der Kohlfamilie die etwas bescheideneren Mitglieder, wie Kohlrabi, Brokkoli, Grünkohl und Chinakohl, auswählen.
Dünger: Kompost, Steinmehl und reichlich organischen Dünger, zum

Wirsing braucht reichlich Platz und Dünger.

Beispiel verrotteten Mist, getrockneten Rinderdung oder Horn-Blut-Knochenmehl. Während der Wachstumszeit zusätzlich mehrmals Brennessel-Jauche. Kohl braucht Stickstoff für seine reiche Blattmasse. Aber auch mit organischen Düngern sollte man nicht übertreiben!
Pflanzenschutz: Algenkalk oder AZ-Kalk gegen Kohlhernie ins Pflanzloch streuen. Mischkultur mit Tomaten und Sellerie lenkt die Kohlweißlinge ab. Bei geringem Befall sollte der Bio-Gärtner die Raupen regelmäßig mit der Hand ablesen und die Eier zerdrücken. *Bacillus thuringiensis* Präparate helfen speziell gegen die Raupen des Kohlweißlings; Nützlinge sind nicht gefährdet. Gegen Kohlfliegen können Sie Schmierseifen-Brühe anwenden. Läuseabwehrend wirken Steinmehl und Holzasche, die über die Blätter gestreut werden.
Mischkultur: Kartoffeln, Tomaten, Sellerie, Spinat, Salat, Lauch Erbsen.

Gemüseauswahl für den Anfang

Gurken kommen aus tropisch-warmen Heimatländern. Sie dürfen deshalb erst in der zweiten Maihälfte ins Freiland, wenn keine Fröste mehr zu befürchten sind. Auf der Fensterbank oder im Frühbeet können Sie aber schon frühzeitig Gurkenpflanzen vorziehen. Im Freiland werden die großen Samenkörner am besten auf einem kleinen, 20–30 cm hohen Erdwall in der Mitte des Beetes ausgesät. Die Pflanzen benötigen später etwa 30 cm Abstand, weil sie lange Ranken bilden.
Gurken brauchen ein sonniges, geschütztes Beet, gute nahrhafte Erde und viel Feuchtigkeit. Sie können die Ranken auch an einem Gitter hochklettern lassen.
Bei der Samenauswahl müssen Sie zwischen langen, schlanken Salatgurken und kurzen Einmachgurken, wie zum Beispiel 'Delikatess' oder 'Vorgebirgstrauben', unterscheiden. Die Früchte können wochenlang frisch geerntet werden. Für den Winter legen Sie sie süß-sauer oder salzig ein.
Dünger: Kompost und organischer Dünger; sehr gut ist verrotteter Pferdemist. Im Sommer mehrmals mit Pflanzen-Jauche gießen.
Pflanzenschutz: Gurken sind anfällig für Mehltau; wählen Sie mehltauresistente Sorten, und spritzen Sie vorbeugend mit Schachtelhalm-Brühe.
Mischkultur: Erbsen, Bohnen, Sellerie, Zwiebeln, Mais, Rote Beete, Salat, Kohl, Fenchel, Dill, Kümmel, Koriander.

Gurken der Sorte 'Delikatess'.

Tomaten gehören wie die Gurken zu den südländischen Gemüsearten. Sie stammen aus Mittelamerika, sind aber schon lange an unser Klima angepaßt. Der Anbau lohnt sich noch im kleinsten Garten, da einzelne Tomatenpflanzen sogar in großen Töpfen oder Kübeln gezogen werden können. Die roten Früchte sind reich an Vitamin C, Mineralstoffen und natürlichen Fruchtsäuren.
Tomaten sind ausgesprochene »Einzelgänger«. Sie schätzen keine Fruchtfolge, sondern wollen Jahr für Jahr auf ihrem Stammplatz stehen. Die roten »Paradiesäpfel« gedeihen am besten in ihrem eigenen Abfall. Warum das so ist, hat noch niemand wissenschaftlich ergründet. In der Praxis bestätigt sich diese Erfahrung aber eindeutig.
Tomatensamen keimen leicht und schnell. Deshalb kann auch ein Bio-Garten-Anfänger sich seine Pflanzen ohne Schwierigkeit auf der Fensterbank oder im Kleingewächshaus anziehen. Dafür gibt es im Fachhandel eine große Auswahl verschiedener Sorten in Samentüten zu kaufen, während die Pflanzen, die man im Mai beim Gärtner bekommt, meist nur runde Früchte oder Fleischtomaten tragen.

Tomaten-Geiztrieb in der Blattachsel.

Kirschtomaten schmecken besonders würzig.

Es lohnt sich, die unterschiedlichen Züchtungen einmal auszuprobieren, um die eigenen Lieblingstomaten herauszufinden: Runde Früchte mit roter oder gelber Schale, dicke unregelmäßige Fleischtomaten, Buschtomaten, die nicht gebunden werden müssen, längliche Eiertomaten oder kleine süße Spaliertomaten bieten sich zur Auswahl an.
Alle Tomaten brauchen einen sehr sonnigen, geschützten Platz, damit die würzigen Früchte ausreifen können. Vor einer reflektierenden, weißen Wand sind die Wachstumsbedingungen ideal. Die vitalen Pflanzen gehören zu den großen »Fressern« und »Säufern« im Garten. Sie brauchen reichlich gute Nahrung. Pflanzen Sie die jungen Tomaten möglichst tief, bis zum Ansatz der untersten Blätter, in den Boden. Sie bilden dann seitlich noch Wurzeln aus, die zur Ernährung der stattlichen Gewächse beitragen.
Jede Tomatenpflanze braucht einen kräftigen Stützpfahl, an dem sie festgebunden wird. Lassen Sie nur 2, höchstens 3 Triebe wachsen. Alle anderen werden weggebrochen. Auch die Geiztriebe, die sich in den Blattachseln immer von neuem bilden, müssen während des ganzen Sommers entfernt werden. Im Spätsommer, gegen Ende August, brechen Sie auch die obersten Blütentriebe ab, damit die Pflanzen alle Kraft für die reifenden Früchte verwenden.
An heißen Tagen müssen die Tomaten durchdringend und reichlich gewässert werden. Gießen Sie mit abgestandenem Wasser direkt in den Wurzelbereich. Alle Tomatenabfälle, Geiztriebe und welken Blätter legen Sie rings um die Pflanzen als Mulchdecke.
In rauhen Landschaften brauchen die Tomaten im Herbst eine wärmende Plastikhaube, damit die Früchte noch reif werden. Die letzten grünen Tomaten hängen Sie mit den Zweigen im Haus zum Nachreifen auf.
Dünger: Kompost, Steinmehl und reichlich organischen Dünger, zum Beispiel verrotteter Mist, getrockneter Rinderdung, Horn-Blut-Knochenmehl (»Oscorna«), Garten-Azet oder Guano. Während des Sommers öfter mit Brennessel-Jauche gießen; mit Tomatenabfall mulchen.
Pflanzenschutz: Vorbeugend gegen Pilzkrankheiten, wie Braunfäule oder Blattfleckenkrankheit, mit Schachtelhalm-Brühe übersprühen. Speziell für Tomaten eignet sich eine Brühe, die aus ¼ l Magermilch und 2 l Wasser gemischt wird. Spritzen Sie sie einmal wöchentlich über die Pflanzen.
Mischkultur: Sellerie, Petersilie, Salate, Kohl, Kapuzinerkresse.

Gemüseauswahl für den Anfang

Kartoffeln gehören wie die Tomaten zu den Nachtschattengewächsen. Sie stammen ursprünglich aus Südamerika. Diese nahrhaften Erdäpfel der Indianer sind reich an verschiedenen Vitaminen, Mineralsalzen und Eiweiß. Der Anbau lohnt sich, auch wenn es nur zwei Reihen Frühkartoffeln sind. Die gelben Knollen schmecken aus eigener, biologischer Ernte viel besser als gekaufte Ware, die oft viel Wasser aber wenig Wohlgeschmack enthält.
Kartoffeln lieben nahrhaften, lockeren Humus. Saatgut aus biologischem Anbau bringt bessere Ernten als das normale Angebot im Fachhandel. (Bezugsquellen: siehe Bio-Spezialversand im Anhang.)
Keimen Sie die Saatknollen in einem mäßig warmen Raum vor. Sie werden dazu einzeln in Kistchen gestellt, so daß das Kronenende mit den meisten Augen nach oben zeigt. Sobald der Boden sich auf mindestens 7 °C erwärmt hat, beginnt die Pflanzzeit. Im milden Rheinland kann es bereits Ende März soweit sein; in rauhen Landschaften wartet der Gärtner besser bis in den April. Es ist klüger und naturgemäßer, etwas später bei günstigem Wetter zu pflanzen als zu früh. Nässe und Kälte bedeuten einen Schock für die Knollen, von dem sie sich nur langsam erholen.
Ziehen Sie die Furchen für die Kartoffeln 5 cm tief, mit 40–50 cm Zwischenraum. In der Reihe muß zwischen den Knollen reichlich 30 cm Abstand eingehalten werden. Sobald das Laub kräftig wächst, werden die Kartoffelreihen ein- bis zweimal angehäufelt.
Bei der Sortenwahl muß der Gärtner zwischen frühen, mittelfrühen und späten Kartoffeln unterscheiden. Auch der Unterschied zwischen mehligen und festkochenden Züchtungen spielt eine Rolle. Bei der Ernte dürfen die braunen Knollen nicht zu lange am Tageslicht liegen. Sie färben sich sonst grün und entwickeln dabei das Gift Solanin. Grüne Stellen müssen tief herausgeschnitten werden!
Frühkartoffelsorten werden geerntet, wenn sich das Laub braun färbt. Dies geschieht, je nach Pflanzzeit, von Juni bis Juli. Spätere Sorten reifen von August bis September. In luftfeuchten Kellerräumen halten sich die Erdäpfel am besten. Die Temperaturen dürfen nie unter den Gefrierpunkt sinken.
Dünger: Kompost, Steinmehl, verrotteter Mist oder Horn-Blut-Knochenmehl; im Sommer Pflanzen-Jauche.
Pflanzenschutz: Schachtelhalm-Tee vorbeugend gegen Pilzerkrankungen, wie zum Beispiel Kraut- und Knollenfäule, spritzen. Auch Handelspräparate, die die Widerstandskraft der Pflanzen gegen Pilzbefall stärken, können verwendet werden. Gegen Kartoffelkäfer die Blätter mit Algenkalk überstäuben; Käfer absammeln, nur in schlimmen Fällen mit Pyrethrum-Präparaten behandeln.
Mischkultur: Kohl, Meerrettich, Erbsen, Dicke Bohnen, Tagetes, Kapuzinerkresse; Kümmel verbessert das Aroma der Kartoffelknollen.

Bio-Kartoffeln erkennt man am guten Aroma.

Eine kleine Kräuterauswahl gehört unbedingt in jeden naturgemäßen Garten. Jede Gewürzpflanze für die Küche ist gleichzeitig auch ein Heilkraut. Die aromatisch duftenden Pflanzen des Kräutergartens stärken die Gesundheit des Gärtners und seiner Familie; manche von ihnen fördern aber auch die Gesundheit des Gartens. Kräuter können wertvoller Bestandteil von Pflanzen-Jauche und Kompost sein. Als Nachbarpflanzen verbessern sie das Aroma mancher Gemüsearten, oder sie wehren mit ihren starken Düften lästige Insekten ab.
Für eine kleine Auswahl dieser heilsam-würzigen Pflanzen findet sich in jedem Garten Platz. Je reichhaltiger die Kräuterauswahl, desto besser. Bio-Gärtner können bei der Beobachtung der Würz- und Teepflanzen viel über den unglaublichen Reichtum lernen, den die Natur uns stillschweigend anbietet. Es liegt nur an den Menschen, ob sie dies erkennen und dankbar zugreifen.

Anlage und Pflege

Wenn der Bio-Gärtner einen richtigen kleinen Kräutergarten anlegen möchte, dann sollte er dafür den sonnigsten Platz in seinem grünen Reich aussuchen. Denn nur unter dem Einfluß von sehr viel Licht und Wärme entwickeln die Würz- und Heilpflanzen ihre wertvollen Inhaltsstoffe und ihr herrliches Aroma.
Die Kräuter können in bunter Gesellschaft auf einem Beet wachsen. Dann muß der Gärtner nur darauf achten, daß hohe Pflanzen, wie zum Beispiel der mächtige Liebstöckel, im Hintergrund stehen; die halbhohen Kräuter werden in der Mitte eingeordnet; die niedrigen, wie Thymian und Tripmadam, wachsen vorne am Beetrand. Sehr übersichtlich und praktisch ist es, wenn das Kräutergärtchen in einzelne Beete eingeteilt wird, die durch Platten, Ziegelsteine oder Holzbohlen begrenzt werden. Dann gedeiht jedes Kraut für sich und kann leicht gepflegt und geerntet werden. Solche Anlagen erinnern ein wenig an alte Klostergärten mit ihrer strengen und doch reizvollen Ordnung.
Wer wenig Platz übrig hat, braucht dennoch nicht auf die duftenden Pflanzen zu verzichten. Kräuter gedeihen auch sehr gut am Rand der Gemüsebeete. Sie ordnen sich sogar im Blumengarten gut ein, denn manches Kraut schmückt sich im Sommer mit hübschen Blüten. Auch die oft reizvoll gestalteten Blätter können neben manchem Zierstrauch bestehen. Der silbergraue Salbei, der blaublühende Lavendel, die Weinraute mit ihren dekorativen Blättern, der Ysop mit seinen blauen und rosa Blütenrispen und die zartgefiederte Eberraute sind kleine Schmuckstücke.
Zahlreiche Duftkräuter, die ursprünglich an den heißen Felsenhängen rings um das Mittelmeer zu Hause waren, gedeihen auch prächtig in einem Steingarten. Auf einem solchen Südhang mit gutem Wasserabzug fühlen sich zum Beispiel Rosmarin, Thymian, Quendel, Origano, Salbei, Ysop, Weinraute und Lavendel wohl.
Sogar in Pflanzschalen auf der Terrasse, in Balkonkästen und in Blumenkästen gedeihen viele Kräuter, die ständig frische Würze für eine gesunde Küche liefern. Mit ein wenig Einfühlungsvermögen kann sich also jeder Gärtner eine kleine Würzpflanzen-Auswahl halten.
Für das gesunde Gedeihen dieser be-

sonderen Gewächse muß sich der Bio-Gärtner einige wenige Grundregeln einprägen. Die meisten Kräuter, die seit Jahrhunderten in unseren Gärten wachsen, stammen ursprünglich aus warmen Heimatländern. Viele dieser Gewürzpflanzen haben Mönche aus dem Mittelmeerraum über die Alpen gebracht. Sie sind zwar längst an unser Klima angepaßt, aber einige Gewohnheiten aus der »fernen Kindheit« haben sie durch Jahrhunderte beibehalten. Die meisten Kräuter brauchen viel Sonne und einen leichten, eher trockenen Boden mit gutem Wasserabfluß. Bescheidene Verhältnisse sind für Würzpflanzen gesünder als üppige Wohlstandskost.
Der Bio-Gärtner muß also der Versuchung widerstehen, seine Kräuter gut zu ernähren. Vor allem Stickstoff bekommt diesen Pflanzen schlecht. Sie treiben bei kräftiger Düngung zwar üppiges Blattwerk, aber das Aroma leidet darunter. Heilkräfte und würziger Duft entwickeln sich nur bei ausgewogener Kost. Guter reifer Kompost ist deshalb die beste Grundlage für den Kräutergarten. Zusätzliche Düngung ist nicht nötig.
Nur einige wenige heimische Kräuter bilden eine Ausnahme von dieser allgemeinen Regel. Schnittlauch, Sauerampfer, Pfefferminze, Kerbel, Löffelkraut und Liebstöckel lieben etwas feuchten, humusreichen Boden. Sie gedeihen auch in leichtem Halbschatten. Auch Estragon und der kräftige Boretsch vertragen eine etwas gehaltvollere Kost. Aber ein wenig organischer Langzeitdünger, wie zum Bei-

Ein Kräutergarten braucht volle Sonne. Hier gedeihen Baldrian, Odermennig, Rote Melde, Pfefferminze und Kapuzinerkresse.

spiel Hornspäne, genügt für diese Pflanzen.
Wer auf schwerem Boden einen Kräutergarten anlegen möchte, der muß vorher für gute Dränage und für gründliche Bodenlockerung sorgen. Am besten wird reichlich Sand unter den lehmigen Humus gemischt. Wo der Untergrund des Gartens sehr undurchlässig ist, pflanzt der Gärtner seine Kräuter besser auf ein erhöhtes Beet.
Wenn Kräuter am richtigen Standort wachsen, sind sie nicht anfällig für Schädlinge und Krankheiten. Auch weiträumige, luftige Pflanzung trägt zum gesunden Wachstum bei. Viele ausdauernde Kräuterarten kann der Bio-Gärtner leicht selber vermehren durch Stecklinge oder Teilung. Die ein- und zweijährigen Kräuter müssen jedes Jahr neu ausgesät werden.
Viele Würz- und Heilpflanzen können getrocknet und für den Winter haltbar gemacht werden. Dabei muß der Bio-Gärtner lernen, den günstigsten Zeitpunkt zu wählen, wenn der Gehalt an Duft- und Heilstoffen besonders groß ist. Hinweise auf die Erntezeit und die besten Konservierungsmöglichkeiten sind bei den folgenden kurzen Kräuterporträts vermerkt.

Einjährige Kräuter

Im Frühling, von April bis Mai, können die meisten einjährigen Kräuter aus der Samentüte direkt ins Freiland ausgesät werden. Nur einige wenige wärmebedürftige Arten sollte der Bio-Gärtner auf der sonnigen Fensterbank oder im Frühbeet vorziehen.

Basilikum ist ein herrliches Würzkraut, das aus dem sonnigen Süden stammt. Es läßt sich leicht anziehen, wenn die Aussaat in Töpfen oder Schalen auf einer warmen Fensterbank geschieht. Erst ab Mitte Mai dürfen die Pflanzen ins Freiland umziehen. Kluge Kräutergärtner behalten immer einige Basilikumsetzlinge im Blumentopf. Zeigt sich der Sommer kalt und regnerisch, dann werden diese Pflanzen auf eine warme, helle Fensterbank gestellt. Sie gedeihen dort besser als das ausgepflanzte Basilikum im unfreundlichen Freiland.
Im Garten braucht das Kraut einen geschützten Platz, humusreichen Boden und Kompost. Die einzelnen Pflanzen benötigen 25 × 25 cm Abstand. Der Bio-Gärtner kann wählen zwischen dem großblättrigen Basilikum, das reiches Blattwerk bildet, und dem kleinblättrigen Basilikum, das die feinere Würze besitzt.
Würze und Heilkraft: Basilikum schmeckt süß-würzig, ein wenig feurig und pfeffrig. Unter den Küchenkräutern besitzt diese Pflanze ein außergewöhnliches und edles Aroma. Das ätherische Öl in den Blättern wirkt entkrampfend auf Magen, Darm und Nerven.
Ernte und Verwendung: Junge Blätter werden während des ganzen Sommers frisch verwendet. Bei allen Konservierungsmethoden verliert das Kraut sein Aroma. Basilikum schmeckt zu Tomaten und südländischen Gemüsegerichten.

Bohnenkraut kann, sobald es warm wird, ins Freiland gesät werden. Die Reihen brauchen etwa 20–30 cm Abstand. Für spätere Ernten kann noch bis Anfang Juni nachgesät werden. Die feinen Samenkörner darf der Gärtner nur dünn mit Erde überdecken. Im übrigen ist das einjährige Bohnen-

kraut robust und anspruchslos. Trokkenheit und Sonne verträgt es gut.
Würze und Heilkraft: Bohnenkraut besitzt ein kräftig würziges, etwas pfeffriges Aroma. Die Blätter sind reich an ätherischem Öl. Das Kraut wirkt entkrampfend und macht schwere Speisen leicht verdaulich.
Ernte und Verwendung: Zarte Blätter können während des ganzen Sommers geerntet werden. Kurz vor und während der Blüte besitzt das Kraut den höchsten Wirkstoffgehalt; dann wird es geschnitten und in Bündeln zum Trocknen an einem schattigen, luftigen Platz aufgehängt. Das Kraut schmeckt frisch und gedörrt gut zu Eintopfgerichten, grünen Bohnen und Kartoffeln.

Boretsch wird ab April direkt ins Freiland gesät. Die robusten Pflanzen brauchen etwas feuchten, nahrhaften Boden. Das Kraut gedeiht in der Sonne und im Halbschatten; die Pflanzen wachsen buschig und brauchen viel Platz.
Würze und Heilkraft: Die zarten weichen Blätter schmecken frisch und säuerlich. Die Pflanze ist reich an Schleimstoffen, Saponin, Gerbsäure und Kieselsäure. Boretsch wirkt herzstärkend und günstig auf Rheuma.
Ernte und Verwendung: Nur die zarten jungen Blätter werden frisch gepflückt. Auch die blauen Blüten sind eßbar. Alte Pflanzen werden rauh und derb; konservieren lassen sich die saftigen Blätter nicht. Boretsch schmeckt gut zu Salat und Gurken.

Dill ist ein Kraut, das nirgends fehlen darf. Die Samen werden im April und Mai im Freiland ausgestreut. Dill liebt feuchten Boden und gedeiht besonders gut im Gurkenbeet, wo lange Blätterranken die Erde schützen. Dillreihen brauchen 25–30 cm Abstand.

Boretsch schmückt sich mit blauen Blüten.

Samenstand des Dill.

Würze und Heilkraft: Dill besitzt ein eigentümliches, frisch-würziges Aroma. Das Kraut ist reich an ätherischem Öl; es wirkt beruhigend, entkrampfend und wärmend.
Ernte und Verwendung: Dillblätter können frisch den ganzen Sommer über gepflückt werden. Sie lassen sich auch einfrieren. Dillblüten und Dillsamen werden zum Einlegen von Gurken verwendet. Das würzige Dillkraut paßt zu Salaten, Gurken und Fisch.

Kerbel ist ein heimisches Kraut, das nicht empfindlich auf Kälte reagiert. Schon ab März kann es im Freiland ausgesät werden. Der Reihenabstand beträgt 10 cm. Kerbel wächst rasch und sollte öfter frisch nachgesät werden. Der beste Standort ist halbschattig und ein wenig feucht.
Würze und Heilkraft: Kerbel schmeckt süß-würzig, ein wenig in Richtung Anis. Die Blätter enthalten ätherisches Öl, Glykoside und Bitterstoffe. Das Kraut regt den Stoffwechsel an.
Ernte und Verwendung: Kerbelblätter werden frisch und jung gepflückt. Das würzige Kraut schmeckt gut zu Suppen, Omeletts und Salaten.

Kresse ist ein rasch wachsendes, robustes Kraut. Schon ab März können die Samen im Freiland ausgestreut werden. Die Reihen brauchen 10 cm Abstand. Die Saat keimt innerhalb 1 Woche. Kresse ist anspruchslos und gedeiht auch noch im lichten Schatten. Sie sollte öfter nachgesät werden.
Würze und Heilkraft: Kresse schmeckt pikant und ein wenig scharf. Sie enthält Senföl, Vitamin C und Bitterstoffe. Das Kraut wirkt als blutreinigende Frühjahrskur.

Kerbel muß zart und jung geerntet werden.

Ernte und Verwendung: Kresse wird stets frisch geschnitten. Im Winter kann man sie in einem Schälchen mit feuchtem Sand auf der Fensterbank ziehen. Kresse paßt zu Salaten, Quark, Eiern und Radieschen.

Majoran braucht viel Wärme. Die feinen Samen werden erst ab Mai ins Freiland gesät und nur dünn mit Erde überdeckt. Die Reihen benötigen 20–25 cm Abstand. Sie können das Kraut auch in kleinen Töpfchen vorziehen. Majoran liebt durchlässigen, sandigen Boden und viel Sonne.
Würze und Heilkraft: Die runden Blättchen besitzen ein intensives würziges Aroma. Sie enthalten reichlich ätherisches Öl sowie Gerb- und Bitterstoffe. Majoran wirkt entkrampfend, magenstärkend und wohltuend auf die Nerven.
Ernte und Verwendung: Frische Blätter können den ganzen Sommer gepflückt werden. Kurz bevor die rundlichen Blüten sich öffnen, besitzt das Kraut den höchsten Wirkstoffgehalt und wird zum Trocknen geschnitten.

Zweijährige Kräuter

Die zweijährigen Kräuter können sowohl im Frühling als auch im Spätsommer ausgesät werden. Sie treiben im ersten Jahr nur Blätter und bilden erst im folgenden Frühling Blüten und Samen aus.

Löffelkraut ist an nordischen Küsten zu Hause. Es liebt etwas feuchten Boden, ist aber sonst sehr anspruchslos. Die Aussaat kann schon im März beginnen. Die Reihen benötigen 20 cm Abstand.
Würze und Heilkraft: Löffelkrautblätter schmecken ähnlich wie Kresse, ein wenig scharf, aber auch etwas salzig. Die Pflanzen sind besonders reich an Vitamin C. Sie enthalten auch Senföl, Gerb- und Bitterstoffe.
Das Kraut wirkt kräftigend und stoffwechselanregend.
Ernte und Verwendung: Die löffelförmigen Blätter werden laufend frisch geerntet. Da das Kraut wintergrün bleibt, ist eine Konservierung nicht nötig. Löffelkraut schmeckt zu Salaten, Quark und Eiern.

Petersilie ist das bekannteste Küchenkraut. Ab März kann sie bereits im Freiland ausgesät werden. Humusreicher, etwas feuchter Boden ist günstig. Die Samen keimen langsam. Die Reihen brauchen 10–15 cm Abstand. Die glattblättrige Bauernpetersilie ist aromatischer und vitaminreicher als die beliebten krausblättrigen Sorten.
Würze und Heilkraft: Petersilie schmeckt streng, ein wenig scharfwürzig. Die Blätter enthalten reichlich ätherisches Öl und viele Vitamine. Petersilie wirkt wassertreibend.
Ernte und Verwendung: Petersilie wird stets frisch gepflückt. Sie bleibt auch im Winter grün. Die kräftigen Blätter schmecken zu Kartoffeln, Möhren und anderen Gemüsen, zu Salaten, Suppen und Soßen.

Mehrjährige Kräuter

Zahlreiche Würzpflanzen gehören zu den ausdauernden Stauden. Sie bleiben jahrelang an ihrem Platz stehen und treiben in jedem Frühling neu aus. Die mehrjährigen Kräuter kann man beim Gärtner als Jungpflanzen kaufen oder auch aus Samen selber ziehen. Im Frühling oder im Herbst werden sie in den Garten ausgepflanzt.

Estragon braucht feuchten, humusreichen Boden. Das Kraut gedeiht in der Sonne und im Halbschatten. Die Pflanzen benötigen 30–40 cm Abstand; sie werden 80–150 cm hoch. Der Bio-Gärtner sollte darauf achten, daß er möglichst den Französischen Estragon bekommt. Dieser ist viel aromatischer als der Russische Estragon. Die Pflanzen lassen sich durch Wurzelausläufer vermehren.

Mooskrause Petersilie.

Würze und Heilkraft: Estragon besitzt ein fein-würziges Aroma mit süßem Akzent. Die Blätter enthalten ätherisches Öl, Harz, Gerb- und Bitterstoffe. Das Kraut wirkt appetitanregend und wassertreibend.
Ernte und Verwendung: Frische Triebstpitzen können während des ganzen Sommers geschnitten werden. Ganze Estragonstengel werden vor der Blüte getrocknet. Das Kraut gehört zu den Feinschmeckergewürzen und paßt gut zu Salaten, Soßen, Fisch und Kräuterbutter.

Liebstöckel wächst mit den Jahren zu einer 2–3 m hohen Riesenstaude heran. Die Pflanze braucht tiefgründigen Humus und viel Platz. Sie gedeiht auch im Halbschatten.
Würze und Heilkraft: Liebstöckel schmeckt kräftig würzig, ähnlich wie Suppenwürze; deshalb nennt man die Staude auch »Maggikraut«. Die Blätter enthalten ätherisches Öl, Harz und Bitterstoffe.
Sie wirken harntreibend und lösen Blähungen.
Ernte und Verwendung: Junge zarte Liebstöckelblätter können während des ganzen Sommers gepflückt werden. Vor der Blüte werden sie getrocknet. Das kräftige Kraut schmeckt zu rustikalen Eintöpfen, Suppen und Soßen.

Melisse liebt die Sonne und durchlässigen Boden. Die Pflanzen brauchen etwa 30 cm Abstand; sie werden 50–70 cm hoch. Die Melisse läßt sich durch Teilung vermehren.
Würze und Heilkraft: Die Blätter schmecken frisch und würzig nach Zitrone. Sie enthalten ätherisches Öl, Harz, Gerb- und Bitterstoffe.
Melisse beruhigt Nerven und Herz.

Melisse schmeckt nach frischer Zitrone.

Ernte und Verwendung: Junge Blätter können den ganzen Sommer über gepflückt werden. Vor der Blüte wird das Kraut zu Tee getrocknet.
Frische Melisse schmeckt zu Salaten, Soßen, Quark und Tomaten.

Pfefferminze gedeiht an feuchten, halbschattigen Plätzen fast wie Unkraut. Pflanzen Sie sie nur dort, wo sie andere Gewächse nicht überwuchern kann. Es gibt zahlreiche verschiedene Minzenarten. Besonders aromatisch ist die echte Mitchamminze, die nur durch Wurzelausläufer vermehrt wird.
Würze und Heilkraft: Den typischen Pfefferminzgeschmack mit dem frischen Mentholhauch kennt fast jeder. Die Blätter enthalten reichlich ätherisches Öl sowie Gerb- und Bitterstoffe. Pfefferminze wirkt entkrampfend und wärmend. Sie hilft bei Magenbeschwerden und Blähungen.

Ernte und Verwendung: Junge frische Blätter können den ganzen Sommer gepflückt werden. Kurz vor der Blüte wird das Kraut geschnitten und zum Trocknen gebündelt aufgehängt. Gedörrte Pfefferminze dient als Tee. Frische Blätter passen zu Hammelbraten, Soßen und Sommergetränken.

Salbei bildet kleine verholzende Sträucher. Er liebt Sonne und durchlässigen, etwas kalkhaltigen Boden. Die Pflanzen brauchen 30–40 cm Abstand. Sie können später durch Stecklinge oder Absenker vermehrt werden.
Würze und Heilkraft: Die silbergrauen Blätter besitzen ein herbes, etwas kampferartiges Aroma. Sie enthalten ätherisches Öl, Harz, Gerb- und Bitterstoffe. Salbei hilft bei Halsschmerzen, Zahnfleischbluten und Nachtschweiß.
Ernte und Verwendung: Einzelne Würzblätter können jederzeit gepflückt werden. Zum Trocknen schneidet man das Kraut, kurz bevor die blauen Blüten sich öffnen. Salbeigewürz paßt zu Fleisch, Schinken,

Salbei ist winterhart und blüht reizvoll.

Käse, Suppen und Aal. Aus dem trokkenen Kraut kann auch Tee gekocht werden.

Thymian bildet niedrige Teppiche. Das Kraut braucht einen sonnigen Platz und sandige Erde. Es wird mit 20 cm Abstand gepflanzt. Neben dem Deutschen und dem Französischen Thymian gibt es auch Zitronenthymian.
Würze und Heilkraft: Thymian hat ein kräftig-würziges Aroma. Er ist reich an ätherischem Öl. Ausserdem enthält er Saponine, Harz, Gerb- und Bitterstoffe.
Das Kraut wirkt antiseptisch. Es lindert Husten und Magenkrämpfe.
Ernte und Verwendung: Kleine Thymianzweige können zu jeder Zeit gepflückt werden. Kurz vor der Blüte wird das Kraut zum Trocknen geschnitten. Thymian paßt zu Fleisch, Suppen, Soßen und Eintopfgerichten.

Ysop liebt die Sonne und mageren, etwas kalkhaltigen Boden. Die Pflanzen brauchen 25–30 cm Abstand. Sie bilden 40–50 cm hohe Sträucher und können später durch Stecklinge vermehrt werden.
Würze und Heilkraft: Ysop schmeckt angenehm würzig, ein wenig bitter. Die schmalen Blätter enthalten ätherisches Öl, Harz, Gerb- und Bitterstoffe.
Das Kraut wirkt magenstärkend und regt die Verdauung an.
Ernte und Verwendung: Zarte Blätter können den ganzen Sommer hindurch abgezupft werden. Getrocknet werden ganze Stengel des Krautes kurz vor der Blüte. Ysop schmeckt in kleinen Mengen als aparte Würze zu Salaten, Soßen, Ragout, Eintöpfen und Kartoffeln.

Süsse Früchte vom Erdbeerbeet

Für eine große bäuerliche Obstwiese bleibt in den meisten Gärten kein Platz übrig. Süße, vitaminreiche Beeren aber können fast überall noch eingeplant werden. Sie bereichern den naturgemäßen Garten mit ihren gesunden Früchten, die vor allem für Kinder ein nahrhaftes Nasch-Vergnügen sind.
Mit Erdbeeren, Himbeeren und Johannisbeeren wird auch der Bio-Gärtner keine Schwierigkeiten haben. Die richtige Pflege ist ihm schnell vertraut, wenn er sich einmal klargemacht hat, wo diese Pflanzen ursprünglich zu Hause waren. Dann kann er sie auch im Garten ihrer Natur gemäß behandeln.
Die Ahnen unserer großfrüchtigen Erdbeeren sind die kleinen aromatischen Walderdbeeren. Erst die Kreuzung mit amerikanischen Erdbeerarten ließ die fleischigen Sorten entstehen, die wir heute anbauen. Diese Erdbeerpflanzen aus Züchterhand haben trotz aller Veränderungen ihre Vorliebe für humusreichen, leicht sauren Boden und für einen geschützten sonnigen Standort behalten. Der Bio-Gärtner braucht nur einen Augenblick an die warmen Waldlichtungen zu denken, auf denen wilde Erdbeeren wachsen, dann weiß er, was seine Gartenfrüchte brauchen.
Auf einem 1,20 m breiten Beet finden 2 Erdbeerreihen Platz. Der Boden sollte vor der Pflanzung rechtzeitig und sorgfältig vorbereitet werden. Der Bio-Gärtner arbeitet reichlich Kompost, ideal wäre Laubkompost, und einen organischen Dünger in die oberste Schicht ein. Geeignet sind zum Beispiel verrotteter Mist und getrockneter Rinderdung oder Horn-Blut-Knochenmehl. Auch ein Steinmehl, das keinen Kalk enthält, verbessert

Strohmulch bewährt sich im Erdbeerbeet, die Früchte können sauber geerntet werden.

Süsse Früchte vom Erdbeerbeet

den Boden des Erdbeerbeetes. Zum Schluß wird die ganze Fläche mit einer Mulchdecke überzogen.
Die beste Pflanzzeit liegt in den Monaten August bis September. In der Reihe setzt der Bio-Gärtner die Erdbeeren mit 25–30 cm Abstand. Das Pflanzloch wird noch einmal mit reifem Kompost ausgefüttert. Zum Schluß gießt er die Setzlinge mit stark verdünnter Brennessel-Jauche an. Anschließend wird zwischen den Reihen eine neue Mulchdecke ausgebreitet, die möglichst aus leicht sauren Stoffen bestehen sollte. Nadelstreu, gemischtes Laub oder Rindenabfälle eignen sich dazu besonders gut. Auf diese Weise schafft der Bio-Gärtner seinen Erdbeerpflanzen ein wenig Waldatmosphäre. Sie gedeihen unter solchen naturgemäßen Bedingungen besonders kräftig und gesund.
Unter der schützenden Decke bleibt die Erde feucht und locker. Der Gärtner braucht nicht zu hacken; so breiten sich die flachwachsenden Erdbeerwurzeln ungestört aus. Wer keinen »Waldmulch« findet, der kann auch Stroh oder Grasschnitt verwenden, um die Erde zwischen den Reihen zuzudecken.
Ältere Erdbeerpflanzungen kann der Bio-Gärtner leicht selber vermehren, indem er reichtragende Mutterpflanzen rechtzeitig kennzeichnet. Die Ableger dieser Erdbeeren werden während des Sommers abgenommen und neu eingepflanzt. Ein besonders praktischer Gärtnertrick: Graben Sie kleine Töpfe mit sandiger Humusmi-

Erdbeer-Ableger bilden leicht Wurzeln. Sie werden auf dem Beet in Töpfe gepflanzt. Die Verbindung zur »Mutter« bleibt noch erhalten.

schung im Erdbeerbeet ein, und drükken Sie die Ableger mit den ersten Wurzeln in diese Erde. Die Ranke wird mit einem gebogenen Draht festgehalten, denn die kleinen Pflanzen sollen noch eine Weile mit der »Mutter« verbunden bleiben. Erdbeeren bilden rasch Wurzeln. Die kräftigen Ballen in den Töpfen erleichtern das Umsetzen und das Anwachsen auf dem neuen Beet.

Erwachsene Erdbeerpflanzungen werden nach der Ernte mit neuen Nährstoffen und Kompost versorgt, denn sie bilden noch während der Herbstwochen die Ansätze für die Blüten des nächsten Jahres aus. Auch die Wurzeln wachsen in dieser Zeit noch kräftig. Falls die Mulchdecke schon verrottet ist, wird sie vor Winterbeginn noch einmal erneuert.

Bei dieser sinnvollen, naturgemäßen Pflege gedeihen Erdbeeren gesund und üppig. Vor allem das volle würzige Aroma der Beeren beweist dem Bio-Gärtner, daß er die Pflanzen richtig behandelt hat. Erdbeeren aus dem Bio-Garten schmecken »wie früher«, so wie viele Menschen sie noch aus Großmutters Garten in Erinnerung haben.

Das Aroma der Erdbeeren spielt aber darüber hinaus auch schon bei der Sortenwahl eine Rolle. Sehr großfrüchtige Züchtungen besitzen überwiegend Erbgut von der Chile-Erdbeere, die »viel Fleisch« aber wenig Süße in die Ahnenreihe mitbrachte. Der Bio-Gärtner muß deshalb nicht gleich zu roten Mini-Beeren greifen. Aber er sollte auf besonders aromatische Züchtungen achten.

'Senga Sengana' ist zum Beispiel eine robuste Allerweltssorte, die aber den Vorteil mitbringt, daß sie auch in rauhen Landschaften noch Früchte trägt.

Farnmulch wehrt Schnecken von Erdbeeren ab.

Besonders würziges Aroma besitzen unter vielen anderen Züchtungen die Sorten 'Macherauch's Marieva', 'Regina' und die alte Sorte 'Mieze Schindler'.

Öfter tragende Erdbeersorten, die bis zum Herbst süße Früchte bringen, sind besonders für Familien mit Kindern empfehlenswert. 'Ostara' und 'Imtraga' sind gute Sorten. Monatelang tragen auch die zierlichen Monatserdbeeren, die keine Ranken bilden. Sie schmecken fast so süß wie Walderdbeeren.

Erdbeeren können bei ungünstiger Witterung trotz guter Pflege von Pilzerkrankungen bedroht werden. Besonders verbreitet ist der Grauschimmel. Der Bio-Gärtner beugt solchen Schäden am besten vor, indem er seine Pflanzen durch einen Guß Brennessel-Jauche stärkt und indem er vorbeugend mit Schachtelhalm-Brühe spritzt. Auch die Mischkultur mit Zwiebeln und Knoblauch stärkt die Widerstandskraft der Erdbeeren gegenüber Pilzerkrankungen.

Waldbeeren im Garten

Zu den süßen Früchten des Waldes, die im Garten heimisch wurden, gehören auch Himbeeren und Brombeeren. Sie wachsen noch heute wild als Unterholz im lichten Schatten schützender Sträucher und Bäume. Wie an ihren natürlichen Standorten lieben sie auch im Garten lockeren, leicht sauren Humus und bedeckten Boden zu ihren Füßen.

Himbeeren

Die Erde des Himbeerbeetes sollte durchlässig und möglichst etwas lehmhaltig sein. Schwere Böden müssen mit Hilfe von Kompost und Mulch gelockert werden. Sandige Böden kann der Bio-Gärtner mit Steinmehl und reichlich Kompost bindiger machen.

Reichtragende Himbeerranke im Oktober.

Die beste Pflanzzeit für Himbeeren liegt in den Herbstwochen oder im zeitigen Frühling. Setzen Sie die jungen Ruten entweder an einen Zaun oder an ein einfaches Spalier. Zwei stabile Pfosten, zwischen denen zwei Drähte gespannt werden, genügen. Die langen Triebe braucht der Bio-Gärtner nicht festzubinden; sie werden einfach zwischen den Drähten durchgezogen.

Bei mehreren Reihen muß ein Abstand von 1,20–1,60 m eingehalten werden. Zwischen den einzelnen Pflanzen sollten 40–60 cm Zwischenraum bleiben, da Himbeeren nach allen Seiten Wurzelausläufer treiben. Wer diese Nebentriebe ausgräbt, der kann seine Bestände leicht selber vermehren. Die Pflanzstellen werden mit Kompost, Steinmehl und etwas organischem Dünger vorbereitet. Kürzen Sie die Wurzeln vor der Pflanzung etwas ein, und setzen Sie die Himbeeren möglichst flach. Im Frühling werden die Triebe dann auf 4–5 Augen zurückgeschnitten.

Sehr wichtig für eine gesunde Himbeerkultur ist eine Mulchdecke, die während des ganzen Jahres immer wieder erneuert werden muß. Leicht sauer reagierende Substanzen, wie Laub, Nadelstreu, Rindenabfälle, Hobelspäne oder zerkleinerter Gehölzschnitt, eignen sich besonders gut. Aber auch eine Gründüngungseinsaat unter der Himbeerhecke wirkt ausgezeichnet als lebendige Bodendecke. Verwenden Sie dazu vor allem Schmetterlingsblütler. Das abgefrorene Laub bleibt über Winter liegen. Der Himbeerrutenkrankheit, einer gefürchteten Pilzinfektion, kann der Bio-Gärtner durch die naturgemäße Bo-

dendecke meist erfolgreich vorbeugen. Dennoch sollte der Himbeerschnitt bei geringstem Verdacht verbrannt werden, damit die Krankheit sich nicht ausbreiten kann.
Himbeeren tragen ihre Früchte an denjenigen Zweigen, die im Sommer neu austreiben und überwintern. Sofort nach der Ernte werden die abgetragenen Ruten bis tief zum Boden zurückgeschnitten. Von den Jungtrieben bleiben an jeder Pflanze 5–7 starke Ruten erhalten. Alle schwachen Zweige werden entfernt. Bei den öfter tragenden Sorten muß der Gärtner natürlich die zweite Ernte im Herbst abwarten. Himbeerpflanzungen, die auf diese Weise naturgemäß gepflegt und geschnitten werden, bleiben gesund und tragen süße, aromatische Früchte.

Brombeeren

Die schwarzen Beeren, die an kräftigen, dornigen Ranken reifen, sind ganz besonders vitaminreich und gesund. Sie wachsen unter ähnlichen Bedingungen wie die Himbeeren, sind aber vitaler und robuster. Die Bodenvorbereitungen sind die gleichen. Auch Brombeeren brauchen eine ständige Mulchdecke.
Die Pflanzen muß der Bio-Gärtner etwas tiefer setzen als die Himbeeren. Die beste Pflanzzeit liegt in den Monaten März bis April. Die kräftig wachsenden Brombeeren müssen weit auseinandergesetzt werden: Aufrechtwachsende Sorten benötigen 1,00–1,50 m Abstand, rankende Sorten sogar 3,00–4,00 m. Die jungen Brombeerruten werden nach der Pflanzung auf 20–30 cm Länge zurückgeschnitten.
Wichtig für eine übersichtliche Brombeerkultur ist ein stabiles Rankgerüst, das von zwei Seiten zugänglich sein sollte. Zwischen starken Pfosten werden zu diesem Zweck mehrere Drähte gespannt. Dann werden die langen dornigen Ranken festgebunden und geleitet. Nur ein regelmäßiger Schnitt verhindert, daß aus dem Brombeerspalier ein undurchdringliches Gestrüpp wird. Aus jedem Wurzelstock läßt der Bio-Gärtner deshalb jährlich immer 6 Jungtriebe wachsen, die gleich ordentlich hochgebunden werden. Alle schwachen Zweige schneidet er sofort weg. Die Seitentriebe, die aus den Achseln der Haupttriebe wachsen, müssen im Sommer auf 1–2 Knospen eingekürzt werden.
Im Spätsommer, nach der Ernte, werden schließlich noch alle abgetragenen Ruten tief am Boden abgetrennt. Die Übersicht zwischen fruchttragenden Ranken und Jungtrieben bleibt besonders gut erhalten, wenn die Brombeeren an einem Doppelspalier befestigt werden: auf der einen Seite die alten, auf der anderen Seite die jungen Zweige.
Durch das »Absenken« kann der Bio-Gärtner seine Brombeeren leicht selbst vermehren. Er biegt eine Ranke einfach herunter und drückt sie in die Erde. An dieser Stelle bilden sich Wurzeln. Die Jungpflanze wird abgetrennt, ausgegraben und neu eingepflanzt.
Unter den Brombeer-Neuzüchtungen gibt es auch dornenlose Sorten, wie zum Beispiel 'Thornless Evergreen'.
Die starkwüchsigen Brombeeren sind allgemein weniger anfällig als Himbeeren. Ein Guß Brennessel-Jauche bekommt ihnen gut. Im übrigen wachsen sie bei naturgemäßer Pflege jahrelang gesund und ertragreich.

Stachelbeeren und Johannisbeeren sind in Nord- und Mitteleuropa zu Hause. Sie wuchsen früher wild in lichten Auenwäldern und am Waldrand. Über ihren Wurzeln deckte ein dichter bunter Teppich aus Kräutern und Gräsern die Erde zu. Wenn der Bio-Gärtner sich dieses Bild vor Augen hält, dann findet er auch im Garten den richtigen Platz für seine Beerensträucher: sonnig bis halbschattig, geschützt vor rauhen Winden.

Rote und Weiße Johannisbeeren

Johannisbeeren können im lichten Schatten von Obstbäumen oder Ziersträuchern wachsen. Es müssen aber immer genügend Sonnenstrahlen durchdringen, die die Beeren reif und süß werden lassen.
Die Pflanzstellen sollte der Bio-Gärtner sorgfältig und frühzeitig vorbereiten. Der Boden muß tiefgründig gelokkert werden, denn die Sträucher sollen ja jahrelang am gleichen Platz stehenbleiben und reiche Ernte bringen. Es lohnt sich zum Beispiel, wenn die Fläche einige Zeit vorher mit tiefwurzelnder Gründüngung eingesät wird. Später ist eine Bodenbearbeitung im Untergrund nicht mehr möglich, weil die flachwachsenden Wurzeln der Beerensträucher nicht gestört werden dürfen.
Das Pflanzloch muß der Bio-Gärtner groß genug ausheben, so daß alle Wurzeln bequem Platz finden. In die Grube wird Kompost und Steinmehl gestreut. Johannisbeeren werden etwas tiefer gepflanzt, als sie zuvor in der Baumschule standen. Sie bilden dann im Boden reichlich neue Triebe. Die oberirdischen Zweige werden nach der Pflanzung um zwei Drittel zurückgeschnitten. Die beste Zeit für die Anlage eines neuen Beerengartens liegt im späten Herbst und im zeitigen Frühling. Der Abstand zwischen den Johannisbeersträuchern beträgt 1,50–1,80 m.
Erwachsene Sträucher werden im Herbst oder im zeitigen Frühling mit Kompost und einem organischen Dünger, wie zum Beispiel Horn-Blut-Knochenmehl (»Oscorna«) oder »Garten-Azet«, versorgt. Auch ein Guß Brennessel-Jauche bekommt ihnen gut. Besonders wichtig für gesundes Wachstum ist aber eine Mulchdecke, die während des ganzen Jahres den Boden unter den Sträuchern bedekken soll. Dazu kann der Bio-Gärtner holzigen Abfall, Laub, Stroh, Brennesselschnitt, Beinwellblätter oder Gründüngung verwenden.
Rote und Weiße Johannisbeeren tragen ihre Früchte am zwei- bis dreijährigen Holz. Für einen Strauch genügen 8–12 kräftige Triebe. Jedes Jahr nach der Ernte oder im Herbst schneidet der Gärtner diejenigen Äste, die über 4 Jahre alt sind, tief am Boden weg. Der Bio-Gärtner kann sie am dunklen Holz erkennen. Dafür läßt er 2–3 starke Jungtriebe nachwachsen. Schwache und zu reichlich nachtreibende junge Zweige werden abgeschnitten. Auch Äste, die sich kreuzen oder die nach innen wachsen, müssen entfernt werden. So bleibt der Johannisbeerstrauch immer in Form. Er ist locker und luftig aufgebaut, die Sonnenstrahlen können überall durchdringen. Dies ist eine wichtige Voraussetzung für gesundes Gedeihen. In stickigfeuchter Atmosphäre entwickeln sich dagegen leicht Krankheiten und Schädlinge.
Außer den Beerensträuchern gibt es

auch Johannisbeer-Hochstämmchen und die etwas niedrigeren Halbstämme. Diese hübschen Kronenbäumchen eignen sich besonders gut für kleine Gärten. Sie können zum Beispiel am Weg entlang gepflanzt werden, ohne daß die Nachbarkulturen in den Schatten geraten. Die Kronen werden nach ähnlichen Wachstumsprinzipien geschnitten wie die Sträucher. Der Bio-Gärtner muß dabei nur zusätzlich auf eine harmonische Kronenform achten.
Wermut, zwischen die Johannisbeeren gepflanzt, schützt die Sträucher vor dem Säulchenrost. Der Bio-Gärtner kann die Pflanzen aber auch mit Wermut-Brühe spritzen. Vorbeugende Behandlung mit Schachtelhalm-Brühe schützt vor Pilzkrankheiten.

Schwarze Johannisbeeren

Diese Sträucher kann der Bio-Gärtner schon an ihrem Geruch erkennen. Wenn er das Holz zwischen den Fingern reibt, riecht er den unverkennbar strengen Duft der Schwarzen Johannisbeeren. Die Sträucher werden nach den gleichen Regeln gepflanzt wie die Roten Johannisbeeren. Sie benötigen aber 2,00–2,50 m Abstand, da sie kräftiger wachsen. Schwarze Johannisbeeren lieben feuchten Boden und vertragen auch etwas Schatten.
Der wichtigste Unterschied besteht im Schnitt: Schwarze Johannisbeeren tragen ihre Früchte am einjährigen Holz. Deshalb muß der Bio-Gärtner diese Sträucher regelmäßig verjüngen. In jedem Jahr werden nach der Ernte die abgetragenen Zweige tief am Boden weggeschnitten. Dafür dürfen 2–3 neue Triebe nachwachsen. Insgesamt sollte der Busch aus höchstens 8 Hauptästen bestehen, damit Luft und Sonne stets durchdringen können. Auch von den Schwarzen Johannisbeeren gibt es zierliche Kronenbäumchen.
Falls die Pflanzen von der Gallmilbe befallen werden, kann der Bio-Gärtner Rainfarn-Tee (Rezept Seite 61) spritzen. Im Notfall helfen auch Pyrethrum-Präparate.

Pflanzschnitt eines Beeren-Hochstämmchens.

Wurzelschnitt vor der Pflanzung.

Stachelbeeren

Die stachelbewehrten Sträucher mit den süßsauren Früchten gedeihen unter ähnlichen Bedingungen wie die Johannisbeeren. Sie sind ziemlich anspruchslos und vertragen auch etwas Schatten. Kalkhaltigen, lehmigen Boden lieben sie besonders. Der Pflanzabstand zwischen den Stachelbeersträuchern beträgt 1,50 m. Für Stachelbeer-Kronenbäumchen reicht ein Zwischenraum von 1,20–1,30 m. Diese Hochstämmchen brauchen einen Stützpfahl und ein Gerüst, das die von Früchten schwer beladenen Zweige vor dem Brechen bewahrt.

Ein Stachelbeerbusch sollte überwiegend aus ein- bis zweijährigen Trieben bestehen. Altes Holz muß der Bio-Gärtner, ähnlich wie bei den Roten Johannisbeeren, regelmäßig im Herbst herausschneiden. Dafür wachsen dann einige kräftige Jungtriebe nach. Insgesamt sollte ein Stachelbeerbusch aus 8–12 Hauptästen aufgebaut sein.

Der Bio-Gärtner kann zwischen grün-, gelb- und rotfrüchtigen Stachelbeersorten wählen. Er sollte beim Kauf in einer guten Baumschule vor allem nach mehltauresistenten Züchtungen fragen. Wenn sich dennoch der Amerikanische Stachelbeermehltau an den Sträuchern zeigt, dann muß der Bio-Gärtner sofort die infizierten Triebspitzen bis ins gesunde Holz abschneiden. Diese Zweige werden natürlich verbrannt! Vorbeugend gegen diese Pilzerkrankung helfen Spritzungen mit Schachtelhalm-Brühe und Rainfarn-Brühe (Rezepte Seite 60 und 61).

Pflanzung von Johannisbeer-Hochstämmchen: große Pflanzgrube, Stützpfahl und holzige Mulchdecke.

Blumen aus der Tüte

Manche Gärtner, die zur naturgemäßen Methode überwechseln, glauben, daß im Bio-Garten nur Nutzpflanzen wachsen. Das ist aber ganz unlogisch. Auch in der Natur gedeihen Bäume, Beerensträucher, Wildgemüse, Kräuter und Blumen nach den gleichen Grundgesetzen. Im naturgemäßen Garten ist das nicht anders. Kompost, organische Dünger und Brennessel-Jauche sorgen auch bei Rosen, Ziersträuchern, Stauden und Sommerblumen für gesundes Wachstum. Sogar das Prinzip der Bodenbedeckung läßt sich teilweise auch im Blumengarten anwenden.

Die säuberliche Trennung zwischen Nutz- und Ziergarten ist eine Erfindung der bürgerlichen Wohlstandsgesellschaft. Der Bio-Gärtner sollte sich ab und zu als Vorbild den alten Bauerngarten vor Augen halten: Dort wuchsen Blumen und Gemüse malerisch und üppig nebeneinander. Sie teilten sich den gleichen fruchtbaren Gartengrund, und diese Nachbarschaft kam den Nützlichen und den Schönen gleichermaßen zugute.

Das preiswerteste und bunteste Sommergartenvergnügen stammt aus kleinen Samentüten. Der Bio-Gärtner kann mit solchen selbstgezogenen Blumen einen ganzen Garten verzaubern. Diese Schönheit ist allerdings vergänglich. Die kurzlebigen Kinder Floras entfalten sich in wenigen Sommerwochen und gehen mit dem ersten Frost zugrunde.

Einjährige Sommerblumen entfachen in wenigen Wochen ein buntes Feuerwerk

Blumen aus der Tüte

Einjährige Sommerblumen

Im Frühling kann der Bio-Gärtner die einjährigen Sommerblumen von April bis Mai ins Freiland aussäen. Einige empfindliche Arten zieht er besser auf einer warmen Fensterbank, im Frühbeet oder im Kleingewächshaus vor. Das Saatbeet im Garten muß gut vorbereitet, locker und feinkrümelig sein. Bereits im Herbst sollte es mit Kompost, Steinmehl und einer langsam wirkenden organischen Düngermischung aus Horn-Blut-Knochenmehl versorgt werden. Im Frühling teilt der Bio-Gärtner die Fläche dann in Reihen auf, die mit Namensschildern gekennzeichnet werden. Auch die bunten Samentüten können als Markierung dienen.
Die verschiedenen Sommerblumen-Samen werden nun ausgestreut und dünn mit Erde oder reifem Kompost bedeckt. Die Körner sollten nicht zu dicht liegen, sonst finden die jungen Pflanzen keinen Platz, um sich kräftig zu entwickeln. Sehr wichtig ist, daß der Bio-Gärtner das Saatbeet regelmäßig feucht hält. In sehr warmen, trockenen Frühlingswochen hilft ein alter Jutesack, der feucht über das Saatbeet gelegt wird. Sobald die Keimblätter durchdringen, kann er wieder entfernt werden.
Einige robuste Sommerblumen können auch direkt an Ort und Stelle breitwürfig ausgesät werden. Beachten Sie immer die Hinweise auf der Rückseite der Samentüten!
In der zweiten Maihälfte, wenn die Sommerblumenpflanzen kräftig genug entwickelt sind, können sie einzeln auf die vorgesehenen Plätze im Garten versetzt werden. Halten Sie zwischen den Pflanzen genügend Abstand ein, damit sie sich reich verzweigen können.
Einjährige Sommerblumen können Lücken im Staudenbeet füllen oder ganze Rabatten bilden. Sie gedeihen vor Ziersträuchern und am Rand des Gemüsegartens. Immer brauchen sie aber einen sonnigen Platz. Im Schatten und unter beengten Verhältnissen entwickeln die einjährigen Schönheiten niemals ihre bunte Fülle.
Der Bio-Gärtner sollte beim Verpflanzen auch darauf achten, daß die unterschiedlichen Wuchshöhen aufeinander abgestimmt werden. Mit den leuchtenden Blütenfarben der Sommerblumen kann ein geschickter Gärtner wie ein Maler arbeiten. Wo die Farbtöne untereinander harmonieren, da können Gartenbilder von zauberhafter Anmut entstehen.
Wenn der Boden durch Kompost und eine herbstliche Grunddüngung gut vorbereitet ist, dann genügen als zu-

Sonnenblumen wirken sehr malerisch.

sätzliche Ernährung 1–2 kräftige Brennesselgüsse während der Hauptwachstumszeit. Gedüngt werden darf aber erst, wenn die Pflanzen gut eingewachsen sind. Sommerblumen sollen möglichst viele Blüten entwickeln; wenn der Gärtner sie zu üppig ernährt, dann treiben sie zu viele »fette Blätter« und werden blühfaul. Wenn der Bio-Gärtner außerdem regelmäßig alle verwelkten Blumen abzupft, dann hat er das Wichtigste getan, um eine wochenlange Blütenfülle hervorzulocken.

Eine kleine Auswahl aus der großen Fülle, die in Samentüten angeboten wird, soll die Auswahl erleichtern.

Astern gehören zu den beliebtesten Sommerblumen. Sie können im April ins Freiland gesät werden. Bei Vorkultur im warmen Frühbeet setzt die Blüte früher ein. Achten Sie beim Kauf unter den zahlreichen Sorten auf welkeresistente Züchtungen. Astern blühen in vielen Farben. Es gibt Zwergformen, mittelhohe und hohe Sorten.

Garten-Kornblumen sind anspruchslos und blühen reich in Blau, Lila und Rosa. Je nach Sorte werden sie 40–100 cm hoch.

Atlasblumen und Sommerfuchsien bringen Romantik in den Sommergarten. Sie blühen in Zartrosa, in Weiß- und Rottönen und liefern hübsche Sträuße. Mit 40–50 cm Höhe gehören sie zum »Mittelmaß«.

Die Jungfer im Grünen ist eine anspruchslose Landschönheit. Sie öffnet ihre blauen Blüten überall, wo

Einjährige Sommerschönheiten: rosa Trichtermalven (oben), Sonnenhut (Mitte) und eine leuchtende Zinnie (unten).

noch Sonnenstrahlen durchdringen. Je nach Sorte wird sie 30–60 cm hoch.

Löwenmäulchen gehören zum Bauerngarten! Es lohnt sich, diese Blumen im Warmen vorzuziehen. Die samtigen Löwenmäulchen leuchten den ganzen Sommer in warmen Rot-, Rosa-, Orange-, Gelb- und Weißtönen. Sie erreichen bis zu 1 m Höhe.

Ringelblumen gehören in jeden Bio-Garten. Sie sind ebenso schön wie nützlich. Die großen Samenkörner keimen leicht. Wo die Blumen einmal heimisch sind, da säen sie sich jedes Jahr von selber aus. Ringelblumen werden 30–50 cm hoch.

Schmuckkörbchen bilden 1,00–1,50 m hohe Büsche mit zartgefiedertem Laub. Die einfachen Schalenblüten leuchten rosa, rot oder weiß. Ein Sommertraum aus der Tüte!

Sonnenblumen gehören zum Sommergarten wie das leuchtende Gestirn am Himmel. Sie werden gleich an Ort und Stelle gesät. Die gewaltigen Blumen stehen am besten am Zaun. Sie brauchen mehr Nahrung als andere Sommerblumen.

Sonnenhüte bringen Stimmung in den Garten. Die leuchtend gelben oder rostbraunen Blumen mit dem schwarzen »Hut« in der Mitte sind sehr lange haltbar. Die Pflanzen erreichen 60–90 cm Höhe.

Strohblumen verlängern den Sommer bis in den Winter. Die haltbaren Blumen werden zu Sträußen gebündelt und zum Trocknen aufgehängt. Es gibt halbhohe und hohe Sorten, die 80 cm Höhe erreichen.

Kornblumen und Kornrade (oben) können Sie aus der Samentüte säen, ebenso wie Strohblumen (Mitte) und Schmuckkörbchen (unten).

Studentenblumen oder Tagetes gehören, ähnlich wie die Ringelblumen, zu den »Wappenblumen« des Bio-Gartens. Sie lassen sich leicht im Frühbeet oder im Freiland großziehen. Schnecken betrachten diese Blumen leider als Lieblingsfutter. Jungpflanzen müssen deshalb besonders geschützt werden. Studentenblumen blühen unermüdlich bis zum Frost in leuchtenden Gold-, Braun- und Rosttönen.
Trichtermalven sind charmante Bauerngartenblumen. Sie werden gleich an Ort und Stelle ausgesät und blühen wochenlang. Die offenen Malvenblüten wirken wie weiße oder rosa Seide.
Zinnien werden am besten im Frühbeet vorgezogen. Die großen Blumen mit den steifen Stengeln sind für Brennessel-Jauche dankbar. Die Blüten der Zinnien sind besonders lange haltbar. Es gibt kleinblütige Sorten und hohe Prachtzüchtungen, die spielend 1 m Höhe erreichen.

Stockrosen verbreiten altmodischen Charme.

Königskerzen sind majestätische Gestalten.

Zweijährige Sommerblumen

Etwas langlebiger als die einjährigen Schönheiten sind die zweijährigen Blumen. Sie werden im Sommer von Juni bis Juli ausgesät und im Herbst verpflanzt. Erst im folgenden Jahr beginnen sie zu blühen. Für die Aussaat, die Bodenpflege und das Auspflanzen gelten die gleichen Regeln wie bei den Einjährigen. Gedüngt werden die zweijährigen Blumen aber erst im folgenden Frühling.
Unter diesen Gewächsen mit dem zwei- oder manchmal auch mehrjährigen Lebensrhythmus finden sich besonders viele alte Bauerngartenblumen, die auch gut zum naturgemäßen

Blumen aus der Tüte

Fingerhüte passen in naturgemäße Gärten.

Garten passen. Wenn der Bio-Gärtner Geduld hat und gut beobachtet, dann wird er manche dieser Blumen auch zu längerem Leben anregen können. Sie blühen dann im dritten Jahr noch einmal.

Bartnelken werden auch Kartäusernelken genannt. Die flachen Blüten mit dem würzigen Duft sind in dicken, rustikalen Dolden angeordnet. Diese altmodischen Nelken blühen in den Farben Weiß, Rosa und Rot. Es gibt Zwergsorten für Einfassungen und hohe Züchtungen, die etwa 50 cm hoch werden.

Fingerhut bringt Waldstimmung in den Garten. Außer den lila-rosa Naturformen gibt es wunderschöne Züchtungen in abwechslungsreichen Farben. Fingerhüte passen gut zu Wildstauden-Pflanzungen in naturgemäßen Gärten.

Goldlack duftet wie keine andere Frühlingsblume. Die samtigen Blumen in Gold- und warmen Rotbraun-Tönen waren schon in den Kloster- und Bauerngärten vergangener Jahrhunderte zu Hause. Es gibt gefüllte und einfachblühende Sorten.

Königskerzen sind wahrhaft majestätische Blumen, die 1,50–2,00 m Höhe erreichen. Die Naturformen können auch im Kräutergarten eingeordnet werden, da sie zu den uralten Heilpflanzen gehören. Es gibt aber auch wunderschöne neue Züchtungen, die dem Staudengarten strahlende Glanzlichter aufsetzen.

Stiefmütterchen haben freundliche Blumengesichter und sind überall beliebt. Es ist nicht schwierig, diese Zweijährigen selber aus Samen zu ziehen. Dann kann man unter zahlreichen farbenfrohen Sorten wählen. Stiefmütterchen können im naturgemäßen Garten als wunderschöne lebendige Bodenteppiche ausgebreitet werden. Oft beginnen sie schon im Herbst zu blühen. Die Winterkälte schadet ihnen nicht.

Stockrosen sind prächtige Malvengewächse, die spielend 2–3 m Höhe erreichen. Am Zaun oder an einer warmen Hauswand gedeihen sie am besten. Diese Riesenblumen brauchen viel Platz, viel Sonne und reichlich Nahrung. Malven leiden sehr oft unter Malvenrost. Günstiger Standort und genügend Feuchtigkeit schützen sie davor ebenso wie vorbeugende Spritzungen mit Schachtelhalm-Brühe.

Dauerhafte Staudenfreuden

Treu und ausdauernd blühen die Stauden in unseren Gärten. Viele Jahre können sie am gleichen Platz aushalten. Im Winter erfrieren die oberirdischen Pflanzenteile meist. Aber im nächsten Frühling treiben die Stauden aus Wurzelballen, Knollen oder Zwiebeln wieder neu aus. In diese abwechslungsreiche Pflanzengruppe gehören die Beet- oder Prachtstauden und die Wildstauden ebenso wie Dahlien, Lilien, Tulpen, Schneeglöckchen, Seerosen, Gräser und Farne.

Manche Naturgärtner wollen nur noch wildnishafte Blumen in ihrem Garten gelten lassen. Ich fände es sehr schade, wenn so viel Formenreichtum und Farbenpracht, wie sie die bunte Welt der Stauden zu bieten hat, draußen vor der Gartentür bliebe. Schließlich sind auch die großen Beetstauden ein Beweis für die ungeheure Lebenskraft und die Verwandlungskünste der Natur. Dem Bio-Gärtner sei hier für den Anfang eine kleine Auswahl zum Kennenlernen empfohlen.

Die Kunst des Staudengärtners besteht darin, die Pflanzen harmonisch zu kombinieren.

Rittersporn blüht im Frühsommer.

Der süße Phloxduft erfüllt den Hochsommer.

Beetstauden gehören zum alten Gartenadel

Viele der prächtigen Beetstauden sind seit Jahrhunderten oder gar seit Jahrtausenden in Kultur. Sie wurden in europäischen Klostergärten ebenso liebevoll gepflegt wie in den Parkanlagen persischer Kaiser oder in den Gärten chinesischer Mandarine und japanischer Tempel. Ein abwechslungsreich bepflanztes Staudenbeet kann auch in unseren Gärten zu einem Erlebnis werden, das vom Frühling bis zum späten Herbst immer neue Überraschungen bietet.
Der Bio-Gärtner sollte ein neues Staudenbeet sehr gründlich vorbereiten. Es lohnt sich, jedes Unkraut mit den Wurzeln zu entfernen. Denn später bereitet es viel Ärger, wenn Stauden und Unkräuter unentwirrbar ineinanderwachsen.
Mit reichlich Kompost und einem langsam wirkenden organischen Dünger wird der Boden vor der Pflanzung verbessert. Stauden brauchen zwar Nahrung, aber sie dürfen niemals heftig angetrieben werden, sonst bilden sie mehr Blätter als Blüten. Die beste Pflanzzeit für die mehrjährigen Gewächse liegt in den Herbstmonaten September bis Oktober und in den Frühlingsmonaten März bis Mai. Der Bio-Gärtner muß beim Verteilen der Jungpflanzen immer daran denken, welchen Umfang die erwachsenen Stauden haben werden. Danach richtet sich der Abstand. Auch die Höhe der blühenden Pflanzen muß bedacht werden. Die »Riesen«, wie zum Beispiel Rittersporne, müssen deshalb in den Hintergrund gerückt werden. Im breiten Mittelfeld finden die halbhohen Stauden, wie Margeriten und Phlox, Platz. Im Vordergrund können sich die

kleinwüchsigen Stauden ausbreiten. Die wechselnden Blütezeiten und die Farben müssen ebenfalls geschickt kombiniert werden. Staudenrabatten oder Beete wirken besonders ausgewogen, wenn mehrere Pflanzen einer Art zusammengesetzt werden. So entstehen immer wieder ruhige Inseln im bunten Blütenmeer.
Für die Pflege eines Staudenbeetes ist es wichtig, daß der Boden offen bleibt. Denn im Herbst muß die Erde gelockert und gedüngt werden. Der Gärtner braucht Platz, um Stengel abzuschneiden und um zu gießen. Damit in einem frisch angelegten Beet die Erde nicht entgegen allen naturgemäßen Regeln austrocknet, sät der Bio-Gärtner in alle Lücken Sommerblumen aus. Schon bald schließt sich dann die Pflanzendecke. Im Herbst werden die einjährigen Bodendecker ausgerissen, und das Staudenbeet kann wieder bearbeitet werden.
Astern oder Herbstastern bilden hohe (bis 1,50 m) oder niedrige (20–40 cm) Büsche, die mit unzähligen Blütensternen übersät sind. Die Pflanzen brauchen humusreichen Boden und Sonne. Es gibt rauhblättrige Arten, die sehr robust sind, und glattblättrige Arten, die oft unter Mehltau leiden. Blütezeit: September bis Oktober.
Chrysanthemen stammen aus Asien und gehören zu den ältesten Gartenblumen. Die herb duftenden Pflanzen schenken unseren Gärten die letzten Blüten des Herbstes. Sie leuchten auch bei Frost noch in Weiß, Rosa, Rot, Gelb und Braun. Chrysanthemen brauchen guten Boden, reichlich Nahrung und Sonne. Sie wachsen 40–100 cm hoch. Beste Pflanzzeit ist der Frühling. Blütezeit: August bis November.

Tummelplatz für Bienen: Kissenaster.

Goldruten bilden lockere Büsche mit leuchtend gelben Blütenrispen. Sie sind anspruchslos, vertragen auch Halbschatten und werden 40–100 cm hoch. Blütezeit: Juli bis Oktober.
Iris oder Schwertlilien blühen in allen Farben des Regenbogens. Sie brauchen durchlässigen Boden und volle Sonne. Von diesen alten Stauden gibt es zauberhafte neue Züchtungen. Zwergiris werden nur 20 cm hoch; hohe Sorten erreichen reichlich 1 m. Die Schwertlilien kann der Bio-Gärtner durch selbst geerntete Samen vermehren. Beste Pflanzzeit für Iris ist Juni bis September. Blütezeit: Mai bis Juni.
Japan-Anemonen gedeihen im lichten Schatten. Sie brauchen durchlässigen, aber feuchten Boden. Die porzellanzarten Blüten in Weiß und Rosa verzaubern den Garten im Spätsommer. Die anmutigen Stauden erreichen 60–100 cm Höhe. Blütezeit: August bis Oktober.
Lupinen leuchten mit ihren hohen Blütenkerzen weit durch den Garten. Sie brauchen humusreichen Boden und gedeihen in der Sonne ebenso

Dauerhafte Staudenfreuden

Pfingstrosen sind edle, alte Gartenblumen.

wie im Halbschatten. Die Pflanzen werden 80–120 cm hoch. Blütezeit: Mai bis Juli.
Margeriten dürfen mit ihren weißen Blütensternen im Staudengarten nicht fehlen. Sie lieben humusreichen Boden, sind aber sonst anspruchslos. Die Pflanzen wachsen 50–100 cm hoch. Blütezeit: Juli bis August.
Mohn ist ein orientalisches Prachtgewächs. Die großen, seidigen Blüten

Eine unter vielen: Prächtige Kaktusdahlie.

leuchten rot, rosa oder weiß. Die Pflanzen werden 50–100 cm hoch und brauchen etwas kalkhaltigen Humus sowie volle Sonne. Blütezeit: Mai bis Juni.
Pfingstrosen sind seit Jahrtausenden in Kultur. Es gibt Züchtungen mit chinesischen Ahnen und die alte europäische Bauernpfingstrose. Diese Stauden dürfen nicht zu tief gepflanzt werden. Sie wollen nicht gern umziehen. Pfingstrosen lieben etwas kalkhaltigen Humus und Sonne. Die roten, rosa oder weißen Sorten werden 50–100 cm hoch. Blütezeit: Mai bis Juni.
Phlox gehört zu den schönsten duftenden Sommerstauden. Er braucht nahrhaften guten Gartenboden und Sonne. Die üppigen Blütenbälle leuchten weiß, rosa, rot und lila. Die Stauden werden 70–150 cm hoch. Blütezeit: Juni bis September.
Rittersporn bildet den strahlenden Höhepunkt jeder Staudenpflanzung. Die leuchtend blauen oder auch weißen Blütentürme erreichen 80–180 cm Höhe. Die großen Pflanzen brauchen humusreichen Boden, reichlich Nahrung, viel Wasser und volle Sonne. Blütezeit: Juni bis Juli und Nachblüte von September bis Oktober.
Das Tränende Herz ist eine bezaubernd altmodische Staude, die leichten Schatten und feuchten Boden liebt. Sie wird etwa 80 cm hoch. Blütezeit: Mai bis Juni.
Dahlien wachsen aus fleischigen Knollen, die nicht winterhart sind. Sie müssen ausgegraben und im Keller in feuchtem Torf aufbewahrt werden. Dahlien werden im Mai gepflanzt. Sie brauchen nahrhaften Humus und Sonne. Es gibt zahllose Sorten und Arten, von der zierlichen Mignondahlie bis zu den großblumigen Kak-

tus- und Schmuckdahlien. Blütezeit: Juli bis Oktober.
Gladiolen bereichern das Staudenbeet und liefern haltbare Schnittblumen. Die hohen Blumen (60–150 cm) wachsen aus Zwiebeln, die im Frühling 10 cm tief in die Erde gelegt werden. Sie lieben leichten Boden und volle Sonne. Die Zwiebeln müssen im Haus überwintern. Blütezeit: Juli bis September.
Madonnenlilien sind edle alte Gartenblumen, die süß duften. Die Zwiebeln werden im August so tief gepflanzt, daß sie 3 cm unter der Erde liegen. Die Lilien brauchen durchlässigen Humus und Sonne. Sie werden bis 1,80 m hoch. Blütezeit: Juni.

Zwiebelblumen und Wildstauden vertragen sich gut miteinander.

Wildstauden für naturgemäße Gärten

Die Wildstauden stammen keineswegs direkt aus der Wildnis. Der Bio-Gärtner kann sie ganz normal in der Staudengärtnerei kaufen. Diese Pflanzen sind aber durch die Züchter nicht in ihrem Charakter verändert worden. Sie besitzen noch viel von der natürlichen Anmut ihrer Vorfahren.
Im Gegensatz zu den Beetstauden gedeihen die Wildstauden gut in Pflanzengemeinschaften, die mit der Zeit dicht zusammenwachsen und den Boden zudecken. Sie benötigen dann kaum noch Pflege. Eine solche naturgemäße Blumennachbarschaft paßt besonders gut in einen biologischen Garten. Der Bio-Gärtner muß diese Stauden und ihre Begleiter aber näher kennenlernen, um sie auch richtig zu dauerhaften Gemeinschaften zusammenfügen zu können. Dafür findet er in diesem Kapitel Vorschläge, die er in der Praxis erproben kann.

Dauerhafte Staudenfreuden

Zunächst muß der Platz, an dem die Wildstauden jahrelang leben sollen, gut vorbereitet werden. Der Boden sollte tief gelockert und unkrautfrei sein. Er wird mit reichlich Kompost und einem langsam wirkenden organischen Vorratsdünger versorgt. Dazu eignet sich zum Beispiel eine Horn-Blut-Knochenmehl-Mischung wie »Oscorna«.
Die günstigste Zeit für die Anlage eines Wildstaudenbeetes ist der Herbst, weil dann auch die Zwiebelblumen in die Erde kommen. Der Bio-Gärtner hält am besten diese Reihenfolge ein: Zuerst verstreut er locker und in kleinen Gruppen die Zwiebeln der Frühlingsblüher, die sich zum Verwildern eignen. Dazu gehören zum Beispiel Narzissen, Schneeglöckchen, Winterlinge, Blausternchen, Märzenbecher, Wildkrokusse, Schneeglanz, Scilla und Anemonen. Auch einige niedrige botanische Tulpenarten passen in diese Gesellschaft.
Dazwischen werden die ausdauernden Wildstauden ausgelegt, geordnet nach Höhe und Farbkontrast. Da alle Pflanzen noch lose auf der Erde ausgebreitet sind, kann der Gärtner sie noch leicht zurechtrücken, so daß sie sich gegenseitig nicht behindern.
Nachdem eine harmonische Nachbarschaft zusammengestellt ist, werden zuerst die Stauden eingepflanzt, dann in den Zwischenräumen die Blumenzwiebeln in die Erde gesteckt.
Ganz zum Schluß verteilt der Bio-Gärtner auf den freien Flächen, unter denen die kleinen Zwiebelchen »versteckt« sind, noch einige Bodendekker. Diese niedrigen Stauden werden

Wildstaudenpflanzungen wachsen dicht zusammen und brauchen wenig Pflege.

mit der Zeit die Erde ganz mit einem Teppich überziehen. Die Zwiebelblumen haben keine Schwierigkeiten, diese Pflanzendecke zu durchdringen; sie fühlen sich dort geschützt und wohl. Keine Gärtnerhacke wird sie aus Versehen in Stücke teilen.
In den beiden ersten Jahren muß der Bio-Gärtner diese Pflanzung sorgfältig in Ordnung halten, damit sich kein Unkraut mit den Stauden zu einem undurchdringlichen Dickicht »verbrüdert«. Sobald die Pflanzendecke geschlossen ist, hat der Gärtner kaum noch Arbeit. Ähnlich wie in der freien Natur erhält sich diese Wildstaudengemeinschaft fast allein.
Wichtig für eine lebensstarke, dauerhafte Pflanzung ist aber auch die Wahl der richtigen Gewächse für den richtigen Standort. So muß der Bio-Gärtner zum Beispiel Stauden, die die Sonne lieben, und solche, die sich im Halbschatten wohlfühlen, unterscheiden lernen. Die folgende kleine Auswahl soll ihm helfen, die verträglichsten Nachbarn zusammenzustellen.

Waldglockenblumen und Ziest.

Wildstauden für sonnige, trockene Standorte

Edeldisteln, Kugeldisteln, Steppeniris, Indianernesseln, Schafgarben, Taglilien und Ehrenpreis bilden das hohe Gerüst der Pflanzung. Auch Königskerzen passen dazu. Graublaue Staudengräser wie Blaustrahlhafer, Blauschwingel und Schillergras ergänzen diese trockene Gesellschaft. Auch das Lampenputzergras liebt sonnige Standorte.
Als Bodendecker eignen sich: Heidekraut, Thymian, Katzenminze, Heiligenkraut, Sonnenröschen und Silberwurz.

Wildstauden für feuchte, halbschattige Standorte

Akeleien, Astilben, Bergenien, Funkien, Waldglockenblumen, Nelkenwurz, Primeln, Silberkerzen, Storchenschnabel und Waldgeißbart. Auch Fingerhüte fühlen sich dazwischen wohl. Dazu passen Farne und Waldgräser, wie zum Beispiel Seggen, Marbeln und Hainsimsen.
Als Bodendecker eignen sich: Buschwindröschen, Leberblümchen, Lungenkraut, Beinwell, Elfenblumen, Veilchen, Maiglöckchen und Waldmeister.

Rosen-Reigen

Rosen gehören seit uralten Zeiten zu den Lieblingsblumen der Gärtner. Chinesische Kaiser und orientalische Herrscher ließen sich von den edlen, duftenden Blüten ebenso bezaubern wie die Ritterfräulein im mittelalterlichen Burggärtchen. Auch moderne Bio-Gärtner können sich dem Charme dieser Blumen nicht entziehen. Sie behandeln sie aber ein wenig anders, als dies in vielen Hausgärten geschieht.

Rosen sind ihrer Natur nach halbhohe verholzende Sträucher. In der freien Landschaft sind die Heckenrosen umgeben von einer anmutigen Gesellschaft aus Gräsern und blühenden Wildblumen. Solche Zusammenhänge sollte ein Bio-Garten-Anfänger bedenken, wenn er Rosen pflanzen und harmonisch in seinen naturgemäßen Garten einordnen möchte.

Eine Monokultur, in der möglichst viele »Blumenköniginnen« auf engem Beetraum zusammengedrängt werden, entspricht sicher nicht den Vorstellungen eines Bio-Gärtners. Auch die weitverbreitete Sitte, Rosen jedes Jahr tief zurückzuschneiden und auf »Einheitshöhe« zu trimmen, widerstrebt seinem Gefühl für natürliche Wachstumsbedingungen.

Ein Bio-Gärtner sollte also versuchen, Rosen ihrer Natur gemäß als kleine Sträucher wachsen zu lassen. Außerdem verschont er die Königin der Blumen vor langweiliger Monotonie und gönnt ihr statt dessen abwechslungsreiche Gesellschaft: Er pflanzt Rosen in heiterer Gemeinschaft zusammen mit Stauden und Gräsern.

In naturgemäße Gärten passen besonders gut diejenigen Rosenarten oder -sorten, die noch ein wenig vom ursprünglichen Charakter bewahrt haben. So ist zum Beispiel der süße Wohlgeruch untrennbar mit der Vorstellung von edlen Rosenblüten verbunden. Manche moderne Züchtung kann aber nur noch eine schöne Form bieten; der Duft kam bei den intensiven gärtnerischen Bemühungen um neue Sorten abhanden. Damit verloren die Blumen einen Teil ihres unvergleichlichen Zaubers.

Ein großer Vorteil moderner Rosenzüchtung besteht darin, daß die Pflanzen öfter und reicher blühen. Den Gärtnern unseres Jahrhunderts ist es gelungen, den Flor bis weit in den Herbst hinein zu verlängern. So ist die Freude an den schönen Blumen noch dauerhafter und abwechslungsreicher geworden.

Der Bio-Gärtner sollte bei der Auswahl seiner Rosen darauf achten, von beidem das Beste herauszufinden: von der »guten alten Zeit« den Wohlgeruch und manche nostalgisch-reizvolle Blütenform; von der modernen Rosenzüchtung den Blütenreichtum und die krankheitsresistenten Sorten.

Gute Baumschulen bieten heute alte, historische Rosen, neue Rosen und Wildrosen an.

Das Angebot ist so umfangreich, daß auch der Bio-Gärtner das Richtige für seine naturgemäßen Pflanzungen findet. Die folgende kleine Auswahl kann nur Anregungen geben. Der Bio-Gärtner wird im Laufe der Jahre seine eigenen Erfahrungen sammeln und für seinen persönlichen Geschmack die schönsten Rosen ausfindig machen müssen.

Edelrosen bringen große, edelgeformte Einzelblüten hervor. Sie eignen sich gut zum Schnitt. Die folgenden Sorten zeichnen sich durch die Kombination von Schönheit und Duft aus: 'Erotica' (samtig dunkelrot), 'First Lady' (zartrosa), 'Duftwolke' (orange-

Die Strauchrosen 'Schneewittchen' und 'Paderborn' brauchen Platz zur Entfaltung.

rot), 'Papa Meilland' (dunkelrot), 'Prima Ballerina' (kirschrosa), 'Whisky' (bronzegelb).

Polyantha- und Floribundarosen blühen in üppigen Büscheln. Sie werden auch Beetrosen genannt, weil sie gut in Gruppen zusammengepflanzt werden können. Die Farbwirkung im Garten ist durch den Blütenreichtum leuchtender und bunter als bei den Edelrosen. Es gibt unzählige Züchtungen. Hier nur einige wenige Beispiele: 'Lili Marleen' (feurig-rot), 'Irish Beauty' (lachsrot, duftend), 'Orange Sensation' (leuchtend orangerot, duftend), 'Prominent' (orange, duftend), 'Queen Elisabeth' (silberrosa), 'Frisia' (goldgelb, duftend).

Alte historische Rosen bezaubern durch kugelige, dichtgefüllte Blumen und einen unvergleichlich würzigen Duft. Die wenigen Beispiele sollen Sie

zu eigenen Experimenten verlocken: 'Mrs. John Laing' (zart-rosa), 'Souvenir de la Malmaison' (rahmweiß mit rosa Hauch), 'Königin von Dänemark' (silberrosa mit dunkler Mitte), 'Panachée Double' (rosa-weiß gestreift), 'Reines des Violettes' (violett).

Kletterrosen müssen an Spalieren oder Drähten festgebunden werden. Sie ranken an Hauswänden oder über Rosenbögen. Es gibt sie in vielen Farben, zum Beispiel: 'New Dawn' (porzellanrosa, duftend), 'Sympathie' (dunkelrot, duftend), 'Leverkusen' (hellgelb, duftend).

Park- und Wildrosen passen besonders gut in naturgemäße Gärten. Der Bio-Gärtner findet darunter alte botanische Arten und Sorten mit ausgeprägtem Wildrosen-Charakter. Diese Rosen wachsen hoch und brauchen für ihre überhängenden Zweige auch seitlich viel Platz. Dies ist nur ein kleiner Einblick in die reiche Welt der gezähmten Wilden: *Rosa centifolia* 'Muscosa' (würzig-duftende rosa Moosrose), *Rosa hugonis* (goldgelbe, einfach-blühende Chinarose), *Rosa lutea* 'Bicolor Atropurpurea' (gelbrote Kapuzinerrose), 'C. F. Meyer' (rosafarbene duftende Parkrose).

Bodendecker-Rosen verdanken wir neuesten Züchtungen. Sie wachsen flach und decken die Erde mit blühenden Ranken zu. Für naturgemäße Pflanzungen sind sie besonders gut geeignet. Einige Sortenempfehlungen: 'Fleurette' (karminrosa), 'Heideröslein-Nozomi' (perlmuttrosa), 'Max Graf' (rosa).

Alte Rosen wie die Bourbon-Rose (oben) passen gut zu naturgemäßen Gärten. Edle Blumen besitzt die 'Königin Elizabeth' (unten).

Pflanzung

Der Bio-Gärtner sollte zunächst einen guten Platz für seine Rosen aussuchen. Die kleinen und die großen Sträucher brauchen viel Sonne. Ein humoser Lehmboden ist ein idealer Wurzelgrund für Rosen. Leichte Sandböden müssen mit reichlich Kompost und Steinmehl verbessert werden. Allzu schwere, undurchlässige Lehmböden werden lockerer, wenn Sand untergemischt wird. Natürlich muß auch Kompost eingearbeitet werden. Torf ist – entgegen einer weitverbreiteten Gewohnheit – keine Wohltat für das Rosenbeet. Bei ständigem Gebrauch wird die Erde sauer und damit für die Königin der Blumen ungeeignet!
Gut verrotteter Rindermist ist der beste Rosendünger. Da er nur noch selten zu finden ist, sollte der Bio-Gärtner getrockneten Rinderdung (»California«), »Garten-Azet« oder Horn-Blut-Knochenmehl (»Oscorna«) verwenden. Das Beet, auf dem die Rosen gepflanzt werden, sollte bereits einige Wochen vorher gelockert, von Unkraut gesäubert, mit Kompost und Dünger versorgt und dann mit einer Mulchschicht abgedeckt werden. Die beste Pflanzzeit liegt in den Herbstmonaten Oktober bis November und in den Frühlingsmonaten März bis April.
Die Pflanzgruben müssen reichlich groß und tief ausgehoben werden, damit die Wurzeln sich bequem ausbreiten können. Der Bio-Gärtner sollte die

So werden Rosen gepflanzt: Zuerst gründlich wässern (oben), Wurzeln einkürzen (Mitte), Veredelung unter die Erde (unten).

Winterfest: Angehäufelt mit Erde und Laub.

neuen Pflanzen zuerst in einen Eimer voll Wasser stellen. Nachdem sie sich einige Stunden lang vollgesaugt haben, kürzt er die Wurzeln mit einer Gartenschere um ein Drittel ein. Die Zweige werden nur im Frühling geschnitten!
Die ausgehobene Erde wird mit Kompost und Steinmehl vermischt und dann wieder in das Pflanzloch gefüllt. Sie muß etwas festgedrückt werden, damit sie Kontakt zu den Wurzeln bekommt. Zum Schluß gießt der Bio-Gärtner seine neuen Rosen kräftig an. Er hat alles richtig gemacht, wenn die Veredelungsstelle, die als Knoten am Wurzelhals sichtbar ist, 5 cm unter der Erde liegt. Die einzelnen Rosenstöcke sollen soweit auseinanderstehen, daß die Zweige sich später nicht bedrängen. Bei zu engem Stand werden die Pflanzen leicht krank.

Schnitt

Alle Rosen werden im Frühling geschnitten! In einem naturgemäßen Garten sollten auch die Beetrosen nicht zu tief eingekürzt werden.
Zuerst entfernt der Bio-Gärtner alle erfrorenen Zweige und alle Äste, die nach innen wachsen. Die Haupttriebe schneidet er dann um höchstens ein Drittel zurück. Er achtet darauf, daß die Rosenbüsche eine lockere, luftige Form erhalten. Geschnitten wird immer schräg über einem nach außen weisenden Auge.
Nur die neu gepflanzten Rosen werden im ersten Frühling kräftig auf ein Drittel ihrer ursprünglichen Höhe eingekürzt. Park- und Strauchrosen gehören zu den Ziersträuchern. Sie werden niemals zurückgeschnitten, sondern dürfen sich frei und natürlich entfalten. Der Bio-Gärtner schneidet nur erfrorenes Holz und überalterte Äste tief am Boden ab. Auch Zweige, die nach innen wachsen und den Sträuchern Luft und Licht wegnehmen, müssen entfernt werden. Ähnlich werden auch die hochrankenden Kletterrosen behandelt. Der Bio-Gärtner muß nur dafür sorgen, daß diese Rosen nicht wild wuchern und daß sie sich beständig verjüngen können.

Pflege

Rosen brauchen zweimal im Jahr kräftige Nahrung: im zeitigen Frühling und nach der ersten Hauptblüte im Frühsommer. Außer Rindermist und Horn-Blut-Knochenmehl kann der Bio-Gärtner auch Holzasche, Guano, Garten-Azet und Brennessel-Jauche verwenden. Ab August muß das Holz ausreifen, dann wird nicht mehr gedüngt. Wenn die tiefwurzelnden Rosen in trockenen Sommerwochen Wasser brauchen, dann gießt der Bio-Gärtner besser direkt und reichlich in den Wurzelbereich. Der Wassersprenger

Rose mit Mehltau.

Sternrußtau an einem Rosenblatt.

schadet den Rosen, denn der Tropfenregen verdirbt die Blüten und macht die nassen Blätter in der Wärme anfällig für Pilzinfektionen.
Es lohnt sich, verwelkte Blumen regelmäßig zu entfernen. »Geputzte« Rosen verschwenden ihre Kräfte nicht für Samen; sie setzen bereitwillig neue Knospen an.
Über Winter häufelt der Bio-Gärtner seine Rosen mit Erde oder Kompost an, damit sie vor Frost geschützt sind. In sehr rauhen Landschaften werden die Sträucher auch noch mit Fichten- oder Kiefernreisig locker abgedeckt.

Biologischer Pflanzenschutz

Die beste Vorbeugung besteht in naturgemäßer Bodenpflege. Gegen Pilzerkrankungen, wie Rost oder Echten Mehltau, helfen vorbeugende Spritzungen mit Schachtelhalm-Brühe und einigen Handelspräparaten, wie zum Beispiel »Bio-Blatt« oder »Milsana«. Auch Knoblauch zwischen den Sträuchern und Mulch aus Teeblättern stärken Rosen gegen Pilzinfektionen.

Läuse hält der Bio-Gärtner in erträglichen Grenzen, wenn er mit Rainfarn- oder Wermut-Tee spritzt oder Algenkalk über die Blätter stäubt. Lavendel, neben Rosen gepflanzt, wirkt ebenfalls läuseabwehrend. Nur in Notfällen greift der Bio-Gärtner zu Pyrethrum-Präparaten oder zu Schmierseifen-Brühe.

Rosen-Gesellschaft

Die »Königliche Hoheit« wirkt heiter und gelöst, wenn sie von guter Gesellschaft umgeben ist. Der Bio-Gärtner sollte Rosen einmal mit blauem Rittersporn, rosa Schleierkraut, weißen Madonnenlilien und weißen Margeriten kombinieren. Sehr gut passen auch Staudengräser, Ziersalbei, Lavendel, Sonnenhut und Ehrenpreis in ein buntgemischtes Rosenbeet.
Jeder Gärtner muß solche Zusammenstellungen selber ausprobieren, um diejenige Kombination herauszufinden, die in seinem Garten besonders natürlich und stimmungsvoll wirkt.

Sträucher – nicht nur zur Zierde

Gehölze bilden den festen und dauerhaften Rahmen eines Gartens. Sie tragen mit leuchtenden Blüten oder reizvollem Blattwerk zu seiner Schönheit bei. Sie machen sich aber auch durch nützliche Eigenschaften unentbehrlich. Sträucher schirmen als Heckenpflanzung den Garten gegen neugierige Blicke ebenso ab wie gegen Lärm und Staub. Im naturgemäßen Garten sollten sie möglichst noch eine andere Funktion erfüllen: Ihr dichtes Geäst dient manchen Vögeln als Nistplatz. Beeren liefern natürliche Nahrung für Tiere und Menschen. Im Laub und Geäst unter den Sträuchern finden kleine Tiere einen geschützten Lebensraum.

Im naturgemäßen Garten sollten deshalb – wo immer dies möglich ist – wieder Nutz- und Vogelhecken angelegt werden. Dazu eignen sich eine ganze Reihe von Ziersträuchern, die durchaus auch einen hübschen Anblick bieten, wenn sie sich im Frühling mit Blüten und im Herbst mit leuchtenden Beeren schmücken.

Solche Hecken bestehen aus locker gepflanzten Einzelsträuchern. Halten Sie mindestens 1,50 m Abstand zum Nachbargrundstück ein, damit nicht durch überhängende Äste Ärger aufkommen kann.

Der Bio-Gärtner bereitet den Boden ähnlich wie für die Beerensträucher vor. Die beste Pflanzzeit für die laubabwerfenden Gehölze liegt im Spätherbst (Oktober bis November). Bei Ballenware muß der Bio-Gärtner unbedingt das Tuch, das die Wurzeln umschließt, aufschneiden. »Nackte« Wurzeln werden mit einem scharfen Messer etwas eingekürzt. Auch die Zweige der Gehölze müssen leicht zurückgeschnitten werden.

Die Sträucher setzt der Bio-Gärtner nun genauso tief, wie sie vorher in der Baumschule standen. Sie dürfen nicht zu hoch mit Erde angeschüttet werden. Zum Schluß wird die Pflanzgrube wieder mit dem Aushub gefüllt. Vorsichtig tritt der Bio-Gärtner das Erdreich über den Wurzeln etwas fest. Dann gießt er gründlich an und deckt rings um die Sträucher den Boden mit einer Mulchschicht zu.

Die Sträucher, die in diesem Kapitel empfohlen werden, sollten alle locker und möglichst natürlich wachsen. Sie werden niemals radikal eingekürzt. Der Bio-Gärtner sollte aber darauf achten, daß die Gehölze nicht verwildern und nicht nach innen zuwuchern. Überalterte oder dünne Äste werden deshalb im zeitigen Frühling tief am Boden herausgeschnitten. Auch alle ins Innere treibenden und alle gekreuzten Zweige müssen entfernt werden. So können immer wieder junge Triebe nachwachsen. Der Strauch bleibt locker, gut in Form und gesund.

In der folgenden Auswahl findet der Bio-Gärtner auch einige schöne, altbekannte Blütensträucher. Sie können in buntgemischte, naturgemäße Hekken eingegliedert werden oder auch als Einzelstücke einen reizvollen Blickpunkt im Garten bilden.

Berberitze oder Sauerdorn werden dornige Sträucher genannt, von denen in der Baumschule sehr verschiedenartige Familienmitglieder angeboten werden. Die Naturform *Berberis vulgaris* eignet sich gut für Hecken. Die Sträucher werden 1–2 m hoch; sie sind sehr anspruchslos und tragen im Herbst rote Beeren, die auch für Menschen eßbar sind. Der Sauerdorn gedeiht in der Sonne und im Halbschatten.

Natürlich gewachsene lockere Hecke mit Spierstrauch, Flieder und Goldregen.

Felsenbirnen sind anmutige, lockere Sträucher, die im Frühling mit weißen Blüten und im Herbst mit orangeroten Blättern geschmückt sind. Sie gedeihen in trockenen und feuchten Böden, in der Sonne und im Halbschatten. Höhe 5–8 m.

Feuerdorn bildet undurchdringliche dornige Hecken von 2–3 m Höhe. Er liebt Sonne und guten Humus, gedeiht aber auch unter ungünstigeren Verhältnissen. Die Blätter bleiben im Winter grün. Im Frühling blüht der Strauch weiß, im Herbst trägt er orangerote Beeren. Gut für Nistplätze und als Vogelfutter-Lieferant!

Flieder ist ein altmodisch-liebenswerter Strauch, dessen Blüten im Mai herrlich durch den ganzen Garten duften. Er eignet sich gut für lockere Hecken. Der Strauch braucht humusreichen, etwas kalkhaltigen Boden und Sonne. Er verträgt aber auch ein wenig Schatten. Höhe 1–4 m. Neben den Züchtungen gibt es sehr schöne Naturformen, zum Beispiel Syringa chinensis, den Königsflieder.

Forsythien gehören zu den Frühlingsverkündern. Die anspruchslosen, starkwüchsigen Sträucher sind schon im März mit goldgelben Blüten übersät. Sie gedeihen in jedem Gartenboden und können dichte Hecken bilden.

Holunder bildet mächtige Sträucher, die bis 10 m Höhe erreichen können. Sie sind sehr anspruchslos, gedeihen aber in humusreichen, nahrhaften Böden besonders gut. Die weißen, duftenden Blüten sind ebenso eßbar wie die schwarzen Beeren – falls die Vögel nicht schneller sind!

Kornelkirschen gehören zu der großen Familie der Hartriegelgewächse. Schon ab Februar erscheinen die gelben Blüten. Die Sträucher sind deshalb eine gute Bienenweide. Im Herbst reifen die roten, eßbaren Früchte. Die Kornelkirschen sind anspruchslos und gedeihen auch im Bergland. Kalkhaltiger, etwas feuchter Boden ist besonders günstig. Höhe 4–5 m.

Schön und eßbar: Blüten des Holunder.

Der Feuerdorn ist bei den Vögeln beliebt.

Jasmin muß hier richtig Falscher Jasmin *(Philadelphus)* genannt werden. Die vitalen Sträucher erreichen leicht 1,50–4,00 m Höhe. Sie wachsen in jedem normalen Gartenboden in der Sonne und im Halbschatten. Im Frühsommer erscheinen die weißen Schalenblüten, die süß und romantisch duften.

Pfaffenhütchen sind vielgestaltige Sträucher. Für Hecken eignet sich die einheimische Form *(Euonymus europaeus)*, die im Herbst rosa-rote Früchte trägt und 3–4 m hoch wird. Pfaffenhütchen sind anspruchslos; sie gedeihen in jedem normalen Gartenboden, auch in hohen Lagen.

Schlehen wachsen langsam zu undurchdringlichen Dornenhecken zusammen. Sie sind außerordentlich anspruchslos. Nur nasse Böden mögen sie nicht. Sehr früh im Frühling sind die Sträucher mit weißen Blüten übersät. Spät im Herbst reifen die bläulichen Beeren, die erst nach dem ersten Frost genießbar sind. Schlehen werden 2–4 m hoch. Sie bieten den Vögeln Schutz und Nahrung.

Schneeball werden verschiedene Sträucher genannt, die meist weiße Blütenbälle tragen. Der gemeine Schneeball (*Viburnum opulus* 'Sterile') wird bis zu 3 m hoch. Er ist anspruchslos, gedeiht aber am besten in der Sonne.

Sommerflieder sollte in keinem naturgemäßen Garten fehlen, weil er mit seinen langen Blütenrispen wie ein Magnet die Falter anlockt. Deshalb wird er auch Schmetterlingsstrauch *(Buddleja)* genannt. Sommerflieder braucht einen geschützten Standort mit viel Sonne und humusreichen Boden. Der Wurzelbereich sollte mit einer Mulchdecke feucht gehalten werden. Unter günstigen Bedingungen erreichen die Sträucher 4 m Höhe.

Spierstrauch ist der Gattungsname für unterschiedliche Arten. Die hohe Prachtspiere *(Spirea vanhouttei)* eignet sich gut für Hecken. Sie wird 2 m hoch und ist im Frühling mit weißem Blütenschnee überschüttet. Die Sträucher stellen keine besonderen Ansprüche. Sie gedeihen in der Sonne und im Halbschatten.

Weigelien sind robuste Sträucher, die in jedem normalen Gartenboden wachsen. Sie vertragen Sonne und Halbschatten. Von Juni bis Juli tragen sie rote oder rosa Blüten. Weigelien erreichen bis zu 3 m Höhe.

Weißdorn ist ein traditionsreicher, dorniger Heckenstrauch, der den Vögeln sichere Nistplätze bietet. Er erreicht 2–6 m Höhe und ist nicht anspruchsvoll. Nur sehr leichte Böden und hohen Grundwasserstand mag er nicht. Weißdorn wächst in der Sonne und im Halbschatten. Im Frühling trägt er weiße Blüten, im Herbst rote, mehlige Früchte, die eßbar sind.

Weißdorn im roten Beerenschmuck.

Zier-Johannisbeeren gedeihen in jedem normalen, durchlässigen Gartenboden in der Sonne und im Halbschatten. Die roten Blütensträucher wirken im Frühling sehr hübsch. Jhre Früchte sind ungenießbar. Die Sträucher erreichen 2–2,5 m Höhe. Die Alpen-Johannisbeere *(Ribes alpinum)* ist ein gutes Vogelschutzgehölz.

Auch ein guter Bio-Gärtner wählt die Pflanzen seines Gartens nicht nur zum Nutzen der Vögel und Kleintiere aus. Er möchte auch selber Freude und Erholung in seiner grünen Oase finden. Deshalb sollen die Sträucher einer naturgemäßen Hecke so zusammengestellt werden, daß das Angenehme sich mit dem Nützlichen verbinden läßt. Ein warmer Frühlingsabend mit duftendem Flieder beglückt auch einen Bio-Gärtner nach getaner Arbeit. Eine solche natürliche Entspannung und die Freude an herrlichen Blüten sind ebenso wichtig wie die ernsthaften Bemühungen um den Schutz der Natur.

Zum guten Schluss

Wenn der Bio-Gartenlehrling bis zu dieser Seite vorgedrungen ist, hat er hoffentlich genug gelernt, um seine Reifeprüfung in der grünen Praxis abzulegen. Es geht aber nicht nur um Gartenerfolge, die sich in Möhren und Rosen auszahlen. Wichtiger als alles andere ist die »innere Umkehr«. Wer wirklich naturgemäß gärtnert, der sieht eines Tages alle Pflanzen und Tiere als seine Brüder. Er begreift, was Albert Schweitzer einmal »die Ehrfurcht vor dem Leben« nannte.
Keine Maus ist zu gering, als daß sie nicht respektvoll als Mitbewohner dieser Erde behandelt werden müßte.
Mancher Leser wird sich vielleicht auch an das Bibelwort erinnern: Was Ihr dem Geringsten meiner Brüder tut, das habt Ihr mir getan. – Sollten damit nicht auch die Regenwürmer gemeint sein, die sich unter der Flut der Unkrautvernichtungsmittel zu Tode krümmen? Oder die Läuse, die totgespritzt von den Bäumen fallen?
Nur wer das Leben fördert, wird auch Leben und Gesundheit gewinnen – für sich selbst, für seinen Garten und für die Zukunft.
Mit Mord und Totschlag ist die Welt noch nie zum Guten verändert worden. Auch dann nicht, wenn es »nur« um Insekten geht. Denn vom Wohl der Kleinsten ist auch das Leben der Großen auf dieser Welt abhängig. Demut ist ein altmodisches, ein fast ungebräuchliches Wort. Wer es im Alltag benutzt, gerät in Gefahr, mitleidig belächelt zu werden. Bio-Gärtner und solche, die es werden wollen, sollten in einer stillen Stunde wenigstens einmal über die Bedeutung dieses Wortes nachdenken.
Wer mit der Natur gärtnert und die Ohrwürmer achtet, der hat keinen Grund, verächtlich auf »Andersgläubige« herabzuschauen. Sie brauchen vielleicht nur ein bißchen länger, um die Vorteile und den Frieden des Bio-Gartens zu entdecken. Überzeugender als besserwisserische Kohlrabi-Apostel wirken freundliche Nachbarn und Kostproben über den Gartenzaun.
In Abwandlung eines alten chinesischen Spruchs werden dann hoffentlich immer mehr Menschen von sich sagen können: ... und willst Du ein Leben lang glücklich sein, so werde Bio-Gärtner.

Bio-Spezialfirmen mit Postversand

Bio-Gartenmarkt Keller
Konradstr. 17
7800 Freiburg i.Br.

Stoeckler Bio Agrar AG
Bioschredder, biologisches Pflanzenschutz- und Pflegeprogramm, Dünger
Neuhofstr. 5
CH-8630 Rüti/ZH

Versandfirmen mit Bio-Programm

Dehner
Alles für den Garten
Postfach 1160
8852 Rain am Lech

Inhoffen Samen
Rhein. Saatgut Gesellschaft m.b.H.
Anton Inhoffen
Wilhelmstraße 14
5350 Euskirchen – Rhld.

J. Lambert & Söhne
Postfach 2565
5500 Trier

Samen Schmitz
Viktualienmarkt
8000 München 1

Gärtner Pötschke
Postfach 2220
4044 Kaarst 2

Samen Mauser
Zürich-Str. 98
CH-8600 Dübenhorst/Zürich

Biologische Dünger und Pflanzenschutzmittel, die im örtlichen Samenfachhandel erhältlich sind

Guano
Compo GmbH
Postfach 2107
4400 Münster

Die Biologischen von Neudorff
Biologisches Pflanzenschutz- und Pflegeprogramm, Dünger
W. Neudorff GmbH KG
Postfach 1209
3245 Emmerthal 1

Oscorna
Spezialdünger und Pflanzenpflegeprogramm
Oscorna Dünger GmbH und Co.
Postfach 4267
7900 Ulm

Sperli-Bodenkur und Sperli Gründüngungsmischungen
Carl Sperling & Co., Pflanzenzüchter
Postfach 2640
2120 Lüneburg

Bio-Furtner
Bio-Gartencenter
Hauptstraße 5
A-3031 Rekawinkel

Ledax-Bio
Ledona AG
CH-6030 Ebikon

Boden-Untersuchungen

Biologisch orientierte Institute

Dr. Fritz Balzer
Oberer Ellenberg 5
3551 Amönau

Institut für biologisch dynamische Forschung
Brandschneise 5
6100 Darmstadt

Mikrobiologisches und chemisches Labor
Dr. W. Wenzel
Maygasse 8, A-8010 Graz

Eidgenössische Forschungsanstalt
Schloß
CH-8820 Wädenswil

Register

Zahlen in Fettdruck bedeuten Hauptverweisung, Sternchen (*) hinter der Seitenzahl verweisen auf Abbildungen, T hinter der Seitenzahl verweist auf eine Tabelle.

BLV Bücher von Marie-Luise Kreuter

Der Bio-Garten

Der »Bio-Garten«, mit vielen Farbfotos und farbigen Zeichnungen ausgestattet, ist das Grundlagenbuch für den biologischen Gartenbau.

Ein Einführungsteil vermittelt das Wesen der naturgemäßen Methode der Gartenbearbeitung. Der große Praxisteil beschäftigt sich mit grundlegenden Gartenarbeiten und behandelt Themen wie Kompost, Mulchen, Fruchtwechsel und Mischkulturen, Pflanzenschutz und Düngung mit naturgemäßen Mitteln. Die beiden Hauptteile »Nutzgarten« und »Ziergarten« informieren über Gemüse, Obst und Zierpflanzen, geben Anleitungen zu Aussaat, Pflanzung, Pflege und Ernte.

13. Auflage, 319 Seiten, 334 Farbfotos, 275 Zeichnungen

So entsteht ein Bio-Garten

Sachkundige, leicht verständliche Einführung für alle, die anfangen und es richtig machen wollen: Grundlagenwissen über die Methoden des naturgemäßen Gärtnerns mit praktischen Schritt-für-Schritt-Anleitungen, vielfältige Anregungen zur Bio-Garten-Gestaltung, anschauliche Pläne zum Nachpflanzen.

159 Seiten, 199 Farbfotos, 8 farbige Zeichnungen

Pflanzenschutz im Bio-Garten

Handbuch über den naturgemäßen Pflanzenschutz mit Porträts von Schädlingen und Krankheiten sowie Nützlingen; Lebenskreisläufe im Garten; Methoden der Vorbeugung und der biologischen Abwehr; Tabellenteil mit Obst-, Gemüse- und Zierpflanzen, ihren Ansprüchen und typischen Schädlingen bzw. Krankheiten.

249 Seiten, 353 Farbfotos, 1 Zeichnung

BLV Garten- und Blumenpraxis 315

Biologischer Pflanzenschutz

Naturgemäße Abwehr von Schädlingen und Krankheiten, Schutzmaßnahmen für beliebte Zier- und Nutzpflanzen sowie hausgemachte Pflanzenschutzmittel.

6. Auflage, 126 Seiten, 152 Farbfotos, 2 s/w-Fotos, 22 Zeichnungen

BLV Verlagsgesellschaft München